MANUSKRYPT
VOYNICHA

W tym wydaniu

Eliette Abécassis
SKARB ŚWIĄTYNI
QUMRAN
OSTATNIE POKOLENIE

Francisco Asensi
TAJEMNICA ZAMKU ŚW. ANIOŁA

Michael Benoit
TAJEMNICA TRZYNASTEGO
APOSTOŁA

Theresa Breslin
PIECZĘĆ MEDYCEUSZY

Dan Brown
KOD LEONARDA DA VINCI
ANIOŁY I DEMONY

Paul Christopher
NOTES MICHAŁA ANIOŁA

Arnaud Delalande
PUŁAPKA DANTEGO

Ildefonso Falcones
KATEDRA W BARCELONIE

Ken Follett
FILARY ZIEMI
ŚWIAT BEZ KOŃCA

David Gibbins
ZŁOTO WIKINGÓW

Gonzalo Giner
CZWARTY SOJUSZ
TAJEMNICA LOŻY

Arthur Golden
WYZNANIA GEJSZY

Javier Gonzales
PIĄTA RÓŻA

Robert Harris
CYCERO

Yves Jégo, Denis Lépée
SPRZYSIĘŻENIE BOSCHA

Raymond Khoury
OSTATNI TEMPLARIUSZ

Fredric Lenoir, Violette Cabesos
OBIETNICA ANIOŁA

Thierry Maugenest
MANUSKRYPT VOYNICHA

Brad Meltzer
KSIĘGA LOSU

Sophia McDougall
ROMANITAS

Julia Navarro
BRACTWO ŚWIĘTEGO CAŁUNU
GLINIANA BIBLIA

Jim Nisbet
KARTAGIŃSKI KODEKS

William Petre
SZYFR ALEKSANDRA WIELKIEGO

Matthew Reilly
SIEDEM CUDÓW STAROŻYTNOŚCI

James Rollins
MAPA TRZECH MĘDRCÓW
CZARNY ZAKON

John Sack
SPISEK FRANCISZKANÓW

Lynn Sholes, Joe Moore
OSTATNIA TAJEMNICA

Javier Sierra
BRAMY TEMPLARIUSZY
TAJEMNA WIECZERZA
BŁĘKITNA DAMA

Patricio Sturlese
INKWIZYTOR

Irving Wallace
ZAGINIONA EWANGELIA
CUD

THIERRY MAUGENEST

MANUSKRYPT VOYNICHA

Z francuskiego przełożyła
WIKTORIA MELECH

ALBATROS
Wydawnictwo
A. Kuryłowicz

WARSZAWA 2007

Tytuł oryginału:
MANUSCRIT MS 408

Redakcja: Hanna Machlejd-Mościcka
Konsultacja historyczna: prof. Zbigniew Mikołejko
Ilustracje na okładce:
manuskrypt *ms 408*, dział starodruków biblioteki Uniwersytetu Yale, USA
Projekt graficzny okładki i serii: Andrzej Kuryłowicz

ISBN 978-83-7359-460-9

Dystrybucja
Firma Księgarska Jacek Olesiejuk
Kolejowa 15/17, 01-217 Warszawa
t./f. 022-535-0557, 022-721-3011/7007/7009
www.olesiejuk.pl

Sprzedaż wysyłkowa – księgarnie internetowe
www.merlin.pl
www.ksiazki.wp.pl
www.empik.com

WYDAWNICTWO ALBATROS
ANDRZEJ KURYŁOWICZ
Wiktorii Wiedeńskiej 7/24, 02-954 Warszawa

Wydanie I
Skład: Laguna
Druk: B.M. Abedik S.A., Poznań

1

Nowy Jork
Columbia Presbyterian Hospital
Oddział Intensywnej Opieki
Godzina 23.00

Na łóżku leżał nieruchomo mężczyzna. Niebieskie prześcieradło okrywało go do połowy. Z rękami ułożonymi idealnie wzdłuż ciała, z oczami szeroko otwartymi, robił wrażenie, jakby miał się na baczności przed jakąś niewidzialną istotą. Mięśnie twarzy pod skórą bladą jak kość słoniowa były napięte do granic wytrzymałości. Elektrody EKG przymocowano do jego klatki piersiowej, a EEG do czoła. Obok stał doktor Paul Eatherly ze skrzyżowanymi na piersi rękoma, obserwując swojego pacjenta. Co jakiś czas spoglądał na ekran monitora, sprawdzał rytm serca, ciśnienie tętnicze, utlenowanie krwi i częstość oddechu. Potem odwracał się, żeby skontrolować zapis elektroencefalografu.

— Wszystko idealnie w normie — mówił sam do siebie — a przecież to już koniec...

Pochylił się nad leżącym mężczyzną, przypatrując się jego rysom, jakby wykutym w marmurze. Głębokie bruzdy, wyżłobione po obu stronach nosa, dochodziły aż do warg. Paul Eatherly nigdy dotąd nie widział tak nieruchomej twarzy u żywego człowieka. Nie mając żadnej nadziei, że usłyszy odpowiedź, zapytał swego pacjenta:

— Kim pan jest? Co się panu wydarzyło? I czemu robią z tego taką tajemnicę?

W tym samym czasie na Long Island drogą stanową 495 w kierunku Manhattanu jechał z zawrotną szybkością czarny chevrolet. Prowadzący samochód agent specjalny Marcus Calleron rozgniótł niedopałek papierosa w popielniczce i natychmiast zapalił następnego. O zmierzchu niż atlantycki dotarł do Wschodniego Wybrzeża, powodując ulewny, lodowaty deszcz w całym stanie Nowy Jork. Zima zapowiada swoje nadejście, pomyślał Calleron, z trudem dostrzegając jezdnię przez zalaną strugami wody przednią szybę, a ja nie cierpię tej pory roku.

Po omacku wyciągnął z kieszeni przeciwdeszczowego płaszcza fiolkę środków uspokajających i połknął jedną tabletkę, po czym włączył radio. Podawano właśnie najświeższe wiadomości. Słuchając głosu dziennikarza, komentującego wydarzenia dnia, Marcus uświadomił sobie, jaka przepaść dzieli go od świata, w którym żył. Sięgnął ręką do schowka, wyjął pierwszą z brzegu płytę i nastawił, nawet na nią nie patrząc. Po chwili wnętrze wozu wypełniły dźwięki saksofonu.

— Stan Getz, album z tysiąc dziewięćset sześćdziesiątego czwartego roku — szepnął do siebie. — Mam szczęśliwą rękę.

Między jednym a drugim zaciągnięciem się papierosem nucił melodię *Singing song*, próbując w ten sposób rozwiać narastający wolna niepokój.

Marcus Calleron znał dobrze to uczucie. Pracował już od ponad dziesięciu lat dla FBI, a ostatnio, od kilku miesięcy, przy każdym nowym śledztwie taki właśnie niepokój paraliżował go i obezwładniał umysł. Teraz, gdy pędził autostradą, wrażenie to jeszcze się nasiliło. O świcie tego dnia miał telefon z biura. Kiedy przeprowadzał inspekcję w domu ofiary, zrozumiał, że będzie to sprawa całkowicie inna od tych, jakie mu dotąd zlecano.

Zawieszona nad jezdnią tablica informowała, że do Manhattanu pozostało tylko kilka kilometrów. Marcus spojrzał na zegar elektroniczny na tablicy rozdzielczej i pomyślał, że nie wróci do domu wcześniej niż o drugiej lub trzeciej nad ranem. Może to i lepiej. Z pewnością nie mógłby już zasnąć i oglądałby tylko jakieś migające obrazki na ekranie telewizora.

Przejechał przez East River, znalazł się na Pierwszej Alei i skręcił w Sześćdziesiątą Ósmą Ulicę. Chwilę potem ujrzał napis „New York Columbia Presbyterian Hospital" i zatrzymał samochód przed głównym wejściem. Deszcz padał ze zdwojoną siłą. Gdy Marcus patrzył na rozbryzgujące się na przedniej szybie strugi wody, doszedł do wniosku, że od tego ranka wymykają mu się spod kontroli wszystkie jego działania i myśli. Nie ja prowadzę to śledztwo, pomyślał. Ono samo mną kieruje. Podnosząc kołnierz płaszcza, wyszedł z samochodu i pobiegł do wejścia. Znalazłszy się wewnątrz budynku, przeszedł przez hol i skierował się do skrzydła B. Potrącał ludzi, nawet ich nie dostrzegając. Dotarł do drzwi z napisem „Oddział Intensywnej Opieki", przed którymi stali dwaj uzbrojeni mężczyźni, kontrolujący wchodzących. Nie zwalniając kroku, Marcus Calleron wyjął odznakę i pokazał ją wartownikom, którzy zasalutowali i odsunęli się na bok. Otworzył drzwi z numerem siedem i zwrócił się do mężczyzny w białym kitlu:

— Doktor Eatherly? Agent specjalny Calleron.

— Czekałem na pana. Zgodnie z pana poleceniem nie opuściłem ani na moment mojego pacjenta.

Marcus podszedł bez słowa do leżącego nieruchomo chorego. Lekarz przyglądał się temu mężczyźnie w średnim wieku, który wtargnął na jego oddział. Miał ciemne, krótko ostrzyżone włosy, twarz bladą, poważną, z bruzdami spowodowanymi zmęczeniem i nerwowym życiem. Ciemnogranatowy garnitur wydzielał zapach tytoniu.

— Czy zrobił pan badania, o które prosiłem? — zapytał Marcus suchym tonem.

— Tak, tu są wyniki — odpowiedział lekarz, biorąc do ręki historię choroby. — Tomografia komputerowa i rezonans magnetyczny w normie, nie odkryto żadnych śladów obrażeń na ciele pacjenta.

— Czy został otruty?

— Raczej nie, analiza toksykologiczna niczego nie wykazała.

— Czy szybko odzyska przytomność?

Lekarz nie odpowiedział od razu. Zdjął okulary, potarł twarz i głęboko odetchnął.

— To nie takie proste. Byłoby mi łatwiej odpowiedzieć na to pytanie, gdybym się wreszcie dowiedział, co mu się przydarzyło.

— Dobrze! — odrzekł Marcus Calleron. — Ale uwaga, wszystko, czego się pan dowie, musi być potraktowane jako ściśle poufne. Mężczyzna, który leży na łóżku, to były senator Mark Waltham. Wczoraj wieczorem przyjął u siebie jakiegoś nieznajomego. Obaj zamknęli się w bibliotece. Dwie godziny potem żona Walthama usłyszała straszny krzyk. Kiedy wbiegła do biblioteki, zastała męża w takim stanie, w jakim go pan teraz widzi: z nieruchomym wzrokiem, niezdolnego do wypowiedzenia choćby słowa. Jego gość ulotnił się bez śladu. Teraz na pana kolej, proszę mi powiedzieć, co pan o tym sądzi.

— No tak... widzi pan... — lekarz wciąż się wahał — moja diagnoza z pewnością pana zaskoczy... Ten człowiek jest martwy.

— Martwy? — Marcus nie mógł ukryć zdziwienia. —

Przed chwilą sam pan stwierdził, że rytm serca i ciśnienie tętnicze są w normie...

— Tak, wiem. Tu chodzi o wypadek niezwykle rzadko notowany w kronikach medycznych. Nie jest to śpiączka i nie ma najmniejszej nadziei na poprawę. Umysł pacjenta stracił definitywnie łączność ze światem zewnętrznym, podczas gdy jego ciało funkcjonuje samo przez się.

— Jednak mówił pan, że badanie tomograficzne i rezonans magnetyczny nie wykryły żadnej anomalii.

— To prawda. Ale obrazowanie mózgu ma swoje granice. Nie da się odsłonić najgłębszych pragnień i myśli. Mamy tu do czynienia z całkowitym unicestwieniem woli. Wygląda to na nieodwracalny stan wywołany jakimś wstrząsem.

— Jaka mogła być tego przyczyna?

— Miałem nadzieję, że pan udzieli mi odpowiedzi na to pytanie.

— Nie w tym momencie. Co zamierza pan z nim robić?

— Etyka lekarska nakazuje mi, bym nadal odżywiał go dożylnie, ale proszę mi uwierzyć: ten człowiek już nigdy nie odzyska świadomości.

— Mówi pan, że to bardzo rzadki przypadek. Ile podobnych zanotowano już wcześniej?

— Literatura medyczna wspomina o trzech. Pierwszy został opisany przez lekarza rosyjskiego w dziewiętnastym wieku, drugi w Neapolu w tysiąc dziewięćset czterdziestym ósmym roku, a trzeci wydarzył się zaledwie dwa lata temu. Chodzi o niejakiego Durranta, który chyba był historykiem.

— Tak. To Howard A. Durrant, były profesor uniwersytetu w Yale, sztucznie utrzymywany przy życiu w centrum medycznym stanu Nowy Jork, jego rodzinnym mieście. Komputery FBI natychmiast skojarzyły te dwa wypadki... Ofiary były namiętnymi kolekcjonerami starych książek i interesowały się szczególnie pewnym średniowiecznym manuskryptem.

2

Grudzień 1293 rok
Południowa Anglia

Jeździec wierzchem dłoni strzepnął płatki śniegu, które oblepiły jego opończę z grubej wełnianej tkaniny. Każdy gwałtowny podmuch wiatru odczuwał jak bolesne ukąszenie. Mimo naciągniętego na twarz kaptura lodowate zimno przenikało go do szpiku kości. Bryłki lodu zwisały z jego brody i końców włosów. Co jakiś czas unosił głowę, by się upewnić, czy jedzie w dobrym kierunku. W gęstej mgle odgadywał, gdzie jest droga, na której nie było najmniejszego śladu końskich kopyt czy kół wozów. Czy jestem sam na tej drodze, zastanawiał się w duchu, a może to wiatr wymiótł wszelkie ślady?

Z trzasku gałęzi uginających się pod ciężarem śniegu wywnioskował, że jedzie wzdłuż lasu. Zrzucił z głowy kaptur, ale poprzez mgłę widział jedynie niewyraźną, ciemną plamę. Przyszło mu do głowy, żeby gdzieś się skryć, rozpalić ogień, rozgrzać zesztywniałe nogi i palce u rąk, ale wilgotne gałęzie nie nadawały się na ognisko. To musi być już niedaleko, przekonywał sam siebie, żeby dodać sobie odwagi, zbliżam się do celu mej podróży, jestem pewnie jakieś dwadzieścia pięć kilometrów od Oksfordu.

Naciągnął znowu kaptur na głowę i poddając się regularnemu kołysaniu wierzchowca zaczął rozmyślać o swej podróży, która zawiodła go aż tutaj. Dwa tygodnie temu opuścił Paryż. Przez pierwsze dni miał wokół siebie kolorowy, jesienny pejzaż i trawiaste wzgórza. Wkrótce jednak gwałtowny wiatr sprowadził wczesną zimę i mężczyzna z trudem odnajdywał drogę wśród pól zasypanych śniegiem.

Pora roku nie była najlepsza na taką podróż, ale po otrzymaniu wiadomości od dawnego nauczyciela filozofii bez wahania wyruszył do Anglii. O zmierzchu znajdował schronienie na strychach nad stajniami ogrzewanymi tylko oddechami koni albo u zakonników w napotykanych opactwach. Kiedy braciszkowie pytali, jak się nazywa i jaki jest cel jego podróży, odpowiadał, grzejąc dłonie kubkiem gorącego wina, że nazywa się Jan z Paryża i że zmierza do miasta Oksford, gdzie łączą się rzeki Tamiza i Cherwell.

A gdy go pytano, czy udaje się do nowej uczelni, milczał i wyjeżdżał o świcie bez żadnych dalszych wyjaśnień. Zresztą co mógłby powiedzieć? Sam właściwie nie znał do końca powodu swojej podróży. Jego dawny nauczyciel przez ponad piętnaście lat gnił w lochach generała zakonu franciszkanów Hieronima z Ascoli. Przez ten czas

Jan nie miał żadnych wieści o nim aż do dnia, kiedy otrzymał list. Mistrz wyszedł na wolność, i będąc u kresu życia, prosił Jana o jak najszybsze przybycie do Anglii. Z zamyślenia wyrwało nagle Jana dochodzące z nieba ochrypłe krakanie. Drgnąwszy na ten odgłos, ujrzał zmierzające w stronę miasta wychudzone kruki, które nie mogły znaleźć pożywienia na zmrożonych polach. W tym samym momencie zza chmur wyłoniły się zarysy dzwonnicy. Im był bliżej, tym wyraźniej widział poprzez mgłę zabudowania Oksfordu. Wkrótce dostrzegł dym wydobywający się z kominów pokrytych grubą warstwą śniegu. Jadąc wzdłuż murków z szarego granitu, napotkał pierwszych mieszkańców miasta. Przy miejskiej bramie obok kup zlodowaciałego gnoju stali żebracy. Opierając się na kulach i chowając twarze w obszernych kapturach, zaczepiali przechodniów. Kopyta konia, które dłuższy czas grzęzły w skrzypiącym śniegu, teraz stukały na bruku wąskich uliczek. Dzień miał się ku zachodowi. Mężczyźni i kobiety obserwowali ze swoich okien jeźdźca, a zaraz potem zamykali okiennice. Czasem w oknie ukazywały się czyjeś ręce trzymające nocnik, którego zawartość wylewano na kupy śniegu. Jan, zapytawszy o drogę, skierował wierzchowca na High Street. Mijał gospody z łupkowymi dachami i oknami w ramach w kształcie krzyża; stały przed nimi grupy młodych kleryków. Zapewne studenci uniwersytetu, pomyślał. Niedługo potem zatrzymał się przed kościołem Najświętszej Marii Panny, w którym mieściła się biblioteka. Wszedł do wewnątrz i ruszył główną nawą. Z naprzeciwka, z wysokiego okna w ostrołuku, przedostawało się słabe światło wieczorne. Po obu stronach stało kilkanaście szaf, każda z trzema rzędami książek. Zaraz potem wzrok Jana przyciągnęła żelazna klatka zawieszona pod sufitem, zamknięta na solidny łańcuch. Podszedł na tyle blisko, że mógł zobaczyć umieszczoną w niej grubą, nadżartą przez robaki księgę, skazaną na spleśnienie. Udało mu się odczytać tytuł i nazwisko autora: Roger Bacon, *O nadzwyczajnej potędze sztuki i natury*.

— Tak więc dzieła mojego mistrza są zakazane nawet w jego rodzinnym mieście — szepnął.

Po wyjściu z biblioteki Jan z Paryża wskoczył na siodło i wyjechał z miasta w północnym kierunku. Było już ciemno, kiedy dotarł wreszcie przed dom z surowych kamieni, stojący w odległości kilkunastu kroków od opactwa. Fasadę domu pokrywały czarne smugi zostawione przez spływającą po niej wodę. Spleśniałe, stoczone przez robaki okiennice były zamknięte.

Gdy zastukał do drzwi, usłyszał słaby głos, zapraszający go do wejścia. Panująca wewnątrz domu cisza i chłód oraz wilgotne, nagie ściany zdradzały, że ten, kto tu mieszka, wyrzekł się wszelkich przyjemności życia. Postąpił kilka kroków naprzód, od czego zachwiał się płomień palących się świec.

— Czy to ty, Janie?

Głos dochodził z głębi pokoju. Człowiek, który wypowiedział te słowa, leżał na łóżku ze wzrokiem utkwionym w sufit. Ubrany był w gruby wełniany habit. W bardzo bladej twarzy błyszczały duże, jasne oczy.

— *Doctor mirabilis**, mój mistrzu, nareszcie znowu cię widzę!

— Nazywaj mnie po prostu bratem Rogerem. Odległy jest czas, kiedy uczyłem filozofii na uniwersytecie, a ty byłeś moim uczniem. Przede wszystkim powiedz mi, czy zgodnie z moimi instrukcjami zniszczyłeś list, który ci wysłałem?

— Tak, spaliłem go.

— Bardzo dobrze. Z pewnością wiesz, że moje dzieła są nadal zakazane i w Londynie, i w Paryżu, a ci, którzy je posiadają, zostali wyklęci przez Kościół. Jeśliby znaleziono przy tobie list podpisany moim nazwiskiem, wtrącono by cię natychmiast do lochu.

— W liście prosiłeś mnie, bym przyjechał do ciebie jak najszybciej...

— Wybacz, że zmusiłem cię do podróży zimową porą, ale jak wiesz, Niebo nie zostawia nam wyboru pory roku na umieranie, a ja, zanim opuszczę ten świat, muszę przekazać ci pewien manuskrypt. Piętnaście lat spędzonych w więzieniu okazały się dla mnie szansą. Wyrzeczenia, umartwienie i samotność pozwoliły mi pogrążyć się w najgłębszych refleksjach, dojść w poznaniu wiedzy tak daleko, jak nie zdołałbym tego uczynić, będąc w klasztorze czy na uniwersytecie. W tym czasie ujrzałem prawdy, których od wieków szukają filozofowie i teolodzy, i zanotowałem wyniki moich poszukiwań. To dzieło o wiele doskonalsze od wszystkich, które napisałem. Rzeczą

---

* Doktor godny podziwu — tak zwracano się do Rogera Bacona.

niezmiernej wagi jest, żebyś je uratował i czuwał nad nim. Musi przetrwać naszą epokę, ażeby w przyszłości poznali je ludzie o umysłach bardziej światłych niż dziś.

Przy tych słowach brat Roger Bacon wydobył ukryty pod kocem manuskrypt i podał go swemu dawnemu uczniowi. Jan przebiegł wzrokiem pierwsze linijki:

— Mistrzu, ale co to za pismo?

— Sam stworzyłem ten alfabet. Zaszyfrowanie tego dzieła było jedynym sposobem, by uniknęło ono zniszczenia z nakazu wysłanników Stolicy Apostolskiej.

— Jak można odczytać to pismo?

— Nie sądzę, żeby udało się to komuś drogą zwykłych dociekań. Dlatego też zanotowałem na innym pergaminie klucz do użytego przeze mnie kodu. Po powrocie do Paryża przechowuj w oddzielnych miejscach manuskrypt i ten pergamin, aby cię przeżyły, i nie zdradzaj tego sekretu nikomu prócz jednej osoby, do której będziesz miał pełne zaufanie. A teraz nie zatrzymuj się tu dłużej. Skorzystaj z ciemności nocy i opuść czym prędzej Oksford. Bacz przy tym, czy nikt cię nie śledzi.

3

— Czy przyszłość wasza i nasza, przyszłość wszystkich, jest już gdzieś zapisana?

Thomas Harvey postawił to pytanie głosem poważnym, spokojnym. Zamilkł na kilka sekund, przedłużając umyślnie ciszę, a kiedy zobaczył, że na kamerze zapaliło się czerwone światełko, odwrócił się wolno w jej kierunku.

— Z tego pytania — podjął — wynika następne: czy jesteśmy wolni w naszych działaniach? A może przeznaczenie igra z nami według własnej woli?

Prowadzący audycję „Filary mądrości" przez moment stał nieruchomo, by ściągnąć na siebie większą uwagę telewidzów. A kiedy już poruszył się, jego gesty były dokładnie przemyślane. Rysy twarzy okolonej krótką, siwiejącą brodą napinały się lub rozluźniały w zależności od tego, jaki ton nadawał swym wywodom. Niezwykle czarne oczy, ukryte pod zmarszczonymi brwiami, spoglądały w kamerę z niebywałą intensywnością. Zdawał sobie sprawę, że widzą go miliony ludzi, i dlatego wypowiadał każde zdanie tak, jakby zwracał się do każdego z nich osobno.

Nadawana od wielu już lat w stacji telewizyjnej NWA Channel audycja „Filary mądrości", poświęcona filozofii, zdobywała coraz większą popularność. Ten idący na żywo program, którego początkowo słuchała garstka studentów, przyciągał stale rosnącą liczbę telewidzów. Koncepcja programu nie zmieniła się od pierwszej audycji: co tydzień w dyskusji filozoficznej, prowadzonej przez Thomasa Harveya, uczestniczyli zaproszeni goście wybrani ze świata literatury, muzyki, prasy, telewizji, kina. Były profesor nowojorskiego uniwersytetu szybko odnalazł właściwy ton, przybliżający świat idei w sposób dostępny dla wszystkich, i zdobywał z każdym tygodniem nowych spragnionych wiedzy telewidzów.

Tego wieczoru goście, siedząc na stopniach imitujących świątynię grecką, czekali na Thomasa Harveya, który szedł w ich stronę poprzez las białych kolumn.

— Co się ma wydarzyć, to się wydarzy — powiedział, gdy dotarł do nich i usiadł obok — a ludzie niczego tu nie mogą zmienić.

— Wiara w coś takiego — odezwała się Mary Donell, kobieta z ciemnymi, krótkimi włosami, autorka wielu znanych sztuk — prowadziłaby do zaniechania wszelkiej działalności. Bo po co żyć w takich warunkach? I jak szukać szczęścia, dążyć do tego, co dobre, jeśli wszystko zostało z góry zapisane? Nie mogę się z panem zgodzić. Przeciwnie, uważam, że każdy dzień, który przeżywamy, pozwala nam tworzyć przyszłość, jaką jeszcze mamy przed sobą.

— Nie ja jestem autorem tego poglądu, Mary, tak uważali greccy i rzymscy filozofowie, nazywani przez nas stoikami. Według nich nikt nie może uniknąć swego przeznaczenia.

— A jednak w obliczu wyboru zawsze mam wiele możliwości. W każdym momencie życia czuję, że jestem wolna, że mogę działać lub nie.

— Gdyby stoicy byli tu z nami, odpowiedzieliby pani, że wolność, o której pani wspomniała, jest tylko iluzją. Dowodziliby, że miejsce, które pani wybrała, by usiąść na tych stopniach, albo sposób, w jaki wy, widzowie, siedzicie przed telewizorami, z nogami skrzyżowanymi lub nie, jak również decyzja, co na siebie włożyć, jaką podjęliście dziś rano, że to wszystko zostało drobiazgowo zaprogramowane we wszechświecie, zanim zaczęły się kondensować olbrzymie chmury wodoru, żeby stworzyć pierwsze gwiazdy.

— Czy pańskim zdaniem — zapytał Andrew Wiroski, znany dziennikarz z „New York Timesa" — historia ludzkości to tylko łańcuch przyczyn i skutków, sięgający wiele miliardów lat wstecz, zanim jeszcze powstała Ziemia?

— Tak jest i dodałbym jeszcze, że nie ma sensu próbować zmieniać biegu rzeczy, bo w tej międzygwiezdnej przestrzeni istniało już zarówno pańskie życie, jak i zdarzenia, o których napisze pan w swoich artykułach dziś wieczór, za miesiąc lub za kilka lat.

— Ależ to straszne, co pan mówi — rzekł Andrew Wiroski z lekkim uśmiechem. — Czy tylko stoicy są o tym przekonani?

Po tym pytaniu profesor długo milczał. Realizator programu, który śledził na siedmiu różnych ekranach to, co się dzieje w studiu, zobaczył, że Thomas Harvey odetchnął głęboko, zanim odpowiedział:

— W historii myśli ludzkiej stale powraca pojęcie przeznaczenia. Ta idea, obecna już w słynnych antycznych mitach, została przejęta także przez niektóre religie. Proszę pomyśleć o...

Nagle profesor urwał. Realizator zorientował się, że tym razem milczenie profesora nie było wykalkulowane. Thomas Harvey, który zazwyczaj przenosił wzrok z jednej kamery na drugą, wpatrywał się w kogoś stojącego za technikami, w cieniu reflektorów. Harvey bez trudu rozpoznał Marcusa Callerona. Co on tu robi po tylu latach?, przemknęło mu przez głowę. Wszystko to trwało tylko krótką chwilę. W słuchawkach usłyszał głos realizatora. Odwrócił wzrok i podjął przerwany wątek:

— ...niech pan sobie przypomni, jak wygląda problem przeznaczenia w kalwinizmie. Według tej doktryny jest z góry zapisane, czy człowiek będzie ocalony, czy zgubiony. Bóg staje się w ten sposób jedynym panem naszego losu, a my jesteśmy skazani na to, żeby być tylko świadkami własnego życia. Dla jednych będzie to egzystencja, która zaprowadzi ich w pobliże jasnych źródeł raju, innych natomiast do piekielnych kotłów i nikt z nich nie będzie w stanie odwrócić biegu wydarzeń.

Thomas Harvey napotkał spojrzenie Marcusa Callerona, który nie okazywał żadnych emocji. Zawsze ten sam nieprzenikniony wyraz twarzy — pomyślał profesor. — Czego on ode mnie oczekuje?

— ...Nie myślcie jednak, że tylko słynne mity, antyczni filozofowie i religie stworzyły pojęcie determinizmu. Pod koniec osiemnastego wieku nauka powróciła do tej idei. Fizyk Pierre Simon de Laplace twierdził, że nic nie dzieje się przypadkiem. Świat jest konsekwencją stanu poprzedniego i z tego samego powodu przyszłość jest już zdeterminowana przez teraźniejszość.

W tym momencie Thomas przerwał. Głos realizatora w słuchawce przypomniał mu o scenariuszu audycji. Profesor podniósł się ze stopnia i zwrócony twarzą do ruchomej kamery przeszedł kilka kroków do innej grupy gości, którzy czekali na niego w głębi studia. Gdy usiadł przy nich, młody pisarz Donovan Otey zapytał:

— A więc żeby przewidzieć przyszłość, wystarczyłoby znać siły, które rządzą naturą?

— Tego właśnie chciał dowieść Laplace, ale prowadzi to nas do granic racjonalności. Czy człowiekowi uda się kiedykolwiek dotrzeć do najwyższego poznania? Czy zdoła wznieść się na wysokość bogów, zdobyć doskonałą wiedzę o teraźniejszości i przyszłości, poznać swój los, zanim stanie się on jego udziałem?

— Według mnie — wtrącił młody pisarz — taka rzeczywistość istnieje tylko w moich powieściach.

— A więc wierzy pan tylko w to, co racjonalne?

— Tak. Tworzę fikcję jedynie w tym celu, żeby razem z czytelnikami uciec od bezbarwnego, nudnego życia.

Thomas Harvey odwrócił się do kamery i zaczął mówić bezpośrednio do telewidzów:

— Ci z was, którzy myślą tak samo jak Donovan Otey, bez wątpienia zapomnieli, że kręcimy się z szybkością ponad stu tysięcy kilometrów na godzinę wokół wielkiej gwiazdy, która obraca się wokół centrum Drogi Mlecznej, ta natomiast przemieszcza się w kierunku sąsiednich galaktyk, które z kolei kierują się ku Supergromadzie Lokalnej, ta zaś zmierza ku następnej grupie galaktyk, zwanej Wielkim Atraktorem, a wszystko to odbywa się we wszechświecie, o którym nie mamy jeszcze pełnej wiedzy. Czy wszechświat jest nieskończony? To przecież niewyobrażalne. A może ma hipotetyczne granice? To też nie do pojęcia. A co powiedzieć o czasie, który, jak się wam wydaje, rozumiecie, obserwując ruch strzałek na waszych zegarkach? Weźcie pod uwagę, że dopiero na początku ubiegłego wieku teoria kwantowa dowiodła, że czas i przestrzeń są tylko iluzjami i że ta sama cząstka może znajdować się w tym samym momencie w dwóch różnych miejscach. I chociaż wasza egzystencja nurza się w tym, co nieracjonalne i fantastyczne, sami wydajecie sądy na podstawie tego, co racjonalne. — A potem, zwracając do Donovana, zapytał: — Proszę sobie wyobrazić, że do tego studia telewizyjnego wchodzi anioł, siada obok pana i szeptem wyjawia panu na ucho największe tajemnice wszechświata. Dowiaduje się pan, jaki jest prawdziwy cel ludzkiej egzystencji. Czy uzna pan to za teorię rozumną, w pełni racjonalną? Czy te informacje nie zaskoczyłyby pana, nie przeszłyby najśmielszych

23

wyobrażeń, które pan dotąd tworzył? Proszę mi wierzyć, że gdyby wyjaśnienie wielkich tajemnic życia było w pełni racjonalne, już dawno zostałoby nam dane. Właśnie dlatego, że jest takie oszołamiające, wręcz niedorzeczne, nie zostało jeszcze przez nikogo wzięte pod uwagę.

Profesor, mówiąc to, myślami był gdzie indziej. Czuł na sobie spojrzenie Marcusa Callerona. Na krótką chwilę cofnął się o piętnaście lat. Marcus był wówczas jego studentem na wydziale filozofii New York University. Odsuwając od siebie te wspomnienia, Thomas Harvey popatrzył ponownie w główną kamerę.

— Na koniec zachęcam was, abyście nigdy nie odrzucali tego, co przekracza waszą zdolność rozumienia. Rozum bardzo często nie uznaje tego, czego nie pojmuje. Przecież oglądacie ten program, żeby wyzwolić się z iluzji i przesądów. Umawiamy się więc na następne spotkanie za tydzień w stacji telewizyjnej NWA Channel. A tymczasem zastanówcie się nad myślą, którą wypowiedział Teilhard de Chardin: „Tylko to, co fantastyczne, ma szansę być prawdziwe".

Po tym ostatnim zdaniu realizator puścił muzykę czołówki audycji. Kamera filmowała Thomasa Harveya rozmawiającego ze stojącymi wokół niego zaproszonymi gośćmi. Potem pojawiły się napisy końcowe.

Profesor zdjął słuchawki, uścisnął ręce technikom i realizatorowi, zebrał i schował do teczki swoje notatki. Po czym, nie podnosząc nawet wzroku, zwrócił się z pytaniem do tego, którego obecność wyczuwał obok siebie:

— Przypuszczam, że nie przyszedłeś tutaj, aby rozmawiać o filozofii?

— Nie. Wczoraj pańskie nazwisko pojawiło się na ekranie komputera... Z pewnością gdzieś zostało zapisane, że nasze drogi znowu się skrzyżują. Muszę porozmawiać z panem w bardzo ważnej sprawie.

— Chodźmy stąd, Marcus, studio telewizyjne nie nadaje się do konwersacji. Mam gabinet w pobliżu uniwersytetu, w którym kiedyś uczyłem. Tam będziemy mieli więcej spokoju.

4

Kiedy Thomas Harvey otworzył przed nim drzwi swego gabinetu i zaprosił do środka, Marcus Calleron nie usiadł od razu. Stał przez chwilę i w milczeniu oglądał pokój. Z okna widać było trawniki Washington Square i czarne niebo, na którym pojawiały się pierwsze błyskawice. Wisząca nad Manhattanem burza gotowa była lada moment uderzyć strugami deszczu po ceglanych i betonowych murach. Obaj milczeli, przytłoczeni ciężarem wspomnień z przeszłości. Od wyjścia ze studia telewizyjnego Marcus czuł ogromne napięcie mięśni twarzy, i nie mógł się go pozbyć. Patrzył nadal przez okno. Chyba nigdy dotąd nie widział tak czarnego nieba, nie słyszał tak groźnego huku grzmotów. Podszedł do półek z książkami, zasłaniających ścianę od podłogi do sufitu, musnął palcami ich grzbiety, wyjął na chybił trafił jedną z nich, otworzył, po czym odwrócił się do Thomasa Harveya.

— Wciąż ta sama miłość do starych książek?

— Tak.

— I jak sądzę, nadal mieszka pan w swoim starym apartamencie na Bleecker Street...

Harvey kiwnął potakująco głową.

— ...a — kiedy nie jest pan akurat w studiu telewizyjnym — pańskie życie toczy się między murami biblioteki na Dziewiątej Ulicy i bukinistami na Czwartej Alei?

— To prawda. Mógłbyś jeszcze dodać, że w niektóre wieczory, gdy odczuwam potrzebę oderwania się od świata idei, jak dawniej idę na szklaneczkę burbona do klubu jazzowego na Thompson Street, tam gdzie kiedyś bywaliśmy z Clarą. Jak widzisz, od naszego ostatniego spotkania nic się nie zmieniło w moim życiu poza tym, że zrezygnowałem z pracy na uniwersytecie, żeby prowadzić tę audycję w telewizji. A co u ciebie?

Marcus nie odpowiedział od razu. Przez chwilę spoglądał na swego dawnego profesora. Zachował on zwyczaj patrzenia rozmówcy prosto w oczy po każdej wypowiedzi, jakby sprawdzając wywołany przez nią efekt. Marcus usiadł w końcu naprzeciw niego i pokazał mu swoją legitymację FBI.

— Agent specjalny Calleron — przeczytał na głos Harvey. — To robi wrażenie... W jaki sposób filozofia doprowadziła cię do wyboru takiego zawodu?

— Po tym, co się wydarzyło piętnaście lat temu, musiałem dokonać radykalnej zmiany w swoim życiu, żeby móc w ogóle dalej egzystować. Świat idei przestał mi odpowiadać. Napawał mnie lękiem. Zawód, który teraz wykonuję, tak mnie absorbuje, że nie mam czasu myśleć o niczym innym. Przez te wszystkie lata praca stała się dla mnie narkotykiem. Tylko dzięki niej przeżyłem. Ale nie mówmy o tym. Dostałem teraz nową sprawę i w związku z nią przybyłem do pana.

— Czy jestem o coś podejrzany?

— Nie. Nikogo o nic nie podejrzewam, ale chyba mam potencjalną ofiarę.

— Czy możesz szerzej to wyjaśnić?

— Najpierw chciałbym usłyszeć od pana coś na temat byłego senatora Marka Walthama. Czy znał go pan osobiście?

— Nigdy go nie spotkałem, ale często rozmawiałem z nim za pośrednictwem Internetu na forum poświęconym problemowi rozszyfrowania pewnego średniowiecznego manuskryptu, którego autorstwo przypisuje się Rogerowi Baconowi. Dlaczego jednak mówisz o nim w czasie przeszłym, czyżby...

— ...zmarł? Niezupełnie, jego ciało żyje nadal. Tak jak w wypadku Howarda A. Durranta, który także uczestniczył w tym forum. Obaj, poza wspólną pasją do rozszyfrowania tego dzieła, byli również namiętnymi kolekcjonerami starych książek. Jak pan, profesorze.

— No tak, rozumiem — odrzekł Thomas Harvey, przesuwając ręką po twarzy.

Zatopiony w myślach wstał bez słowa, wziął butelkę burbona i napełnił dwa kieliszki, z których jeden postawił przed swym dawnym studentem. Wypił łyk i zapytał:

— Na tym forum wypowiadają się dziesiątki internautów, dlaczego zwróciłeś uwagę właśnie na mnie?

— Wczorajszy dzień spędziłem w rezydencji Marka Walthama na północnym wybrzeżu Long Island. Przejrzałem twardy dysk w jego komputerze, gdzie wiele razy natrafiłem na pańskie nazwisko.

— Rzeczywiście, korespondowałem często z Walthamem za pośrednictwem poczty elektronicznej. Przede wszystkim dotyczyło to jego prób odczytania zaszyfrowanego manuskryptu, który nazywamy *ms 408**. W ostatnich tygodniach często wspominał, że udało mu się dokonać niezwykłego odkrycia.

— Czy wyjaśnił to dokładniej?

— Nie. Uczestnicy forum chętnie dzielą się informacjami przydatnymi do odczytania *ms 408*, ale większość ich prac pozostaje tajemnicą. Wiem jednak, że Waltham był przekonany, iż manuskryptu tego nie daje się tak długo rozszyfrować, ponieważ szyfr stworzony został dla kilku języków. Zanim doszedł do takiego wniosku, zapisał literami naszego alfabetu każdy z symboli Rogera Bacona. Jeśli to cię interesuje, mogę odnaleźć główne elementy jego prac.

Thomas Harvey nacisnął kilka klawiszy w swoim komputerze i po chwili podał Marcusowi wydrukowaną jedną stronę.

---

* *ms 408* — numer, pod którym manuskrypt ten został zarejestrowany w dziale rzadkich książek biblioteki uniwersytetu w Yale.

	A		J		S		1
	B		K		T		2
	C		L		U		3
	D		M		V		4
	E		N		W		5
	F		O		X		6
	G		P		Y		7
	H		Q		Z		8
	I		R		0		9

— Oto ostatnia transkrypcja, którą Waltham przekazał mi zaledwie kilka dni temu. Zwrócił uwagę, że słowa LTN, GRC i HBR pojawiają się z zastanawiającą częstotliwością. Jego zdaniem terminy te wskazują na pismo spółgłoskowe, pozbawione samogłosek, używane w najdawniejszych czasach. Tak więc GRC oznaczałoby *Graeca lingua*, HBR — *Hebraica lingua* i LTN — *Latina lingua*. Według Walthama słowa te umieszczono po to, aby zasygnalizować czytelnikowi przejście z jednego systemu szyfrowego do drugiego, opartego na trzech językach: greckim, hebrajskim i łacińskim.

— I na tej podstawie udało mu się odkryć sposób na rozszyfrowanie manuskryptu?

— Tak uważał. Czy jest jakiś związek między badaniami Walthama a jego chorobą?

— Doszedłem do tego wniosku po pierwszych wynikach śledztwa. Waltham otrzymał pocztą elektroniczną wiadomość od jakiegoś nieznajomego, który chciał się z nim spotkać. Zaprosił go więc do siebie, do rezydencji na Long Island. Zaraz po tej wizycie stracił przytomność w swojej bibliotece.

— Co pan wie o tym podejrzanym gościu?

— Prawie nic. Wysyłał e-maile z adresów wirtualnych, niemożliwych do zidentyfikowania. Wszystkie podpisywał jako „Edyp".

— Edyp? — powtórzył Thomas Harvey.

— Czy to panu coś mówi?

— Tak. To internauta, który uczestniczy w forum dyskusyjnym od paru lat. Nikt nie wie, kim jest ani z jakiego kraju pisze. Ale imię, które przybrał, każe mi przypuszczać, iż udało mu się rozszyfrować manuskrypt Rogera Bacona. Edyp był jedynym człowiekiem, który rozwiązał zagadkę Sfinksa. A *ms 408* od wieków nosi nazwę „Sfinks".

Marcus Calleron długo milczał. Stanęła mu przed oczami nieruchoma, martwa twarz Marka Walthama. Senator od bardzo dawna żył nadzieją, że zdoła rozszyfrować manuskrypt, i bez wątpienia właśnie to namiętne pragnienie doprowadziło go tam, skąd nie ma powrotu. W tym momencie Marcus uprzytomnił sobie, że wcześniej czy później toczące się śledztwo i jego doprowadzi do tego samego punktu. Musi zdecydować się, czy brnąć w to dalej. Zrobił w myślach przegląd wszystkich informacji, które zebrał przez minione dwadzieścia cztery godziny, a potem powiedział, jakby głośno się zastanawiając:

— Wszystko wskazuje na to, że senator odczytał kod manuskryptu. Kiedy Edyp się zorientował, poprosił o spotkanie, aby zmusić go do milczenia i pozostać jedynym posiadaczem tego sekretu. — Marcus wstał z krzesła i dodał: — Na pewno znajdę jakieś nowe wskazówki w mieszkaniu profesora Howarda A. Durranta, który, co nie ulega wątpliwości, był pierwszą ofiarą tajemniczego Edypa.

— Jeśli tylko zechcesz, bardzo chętnie ci pomogę — powiedział Harvey.

— Dziękuję. Proszę czekać na mnie przed domem jutro o ósmej rano.

5

Praga, 6 stycznia 1602 roku
Dwór cesarza Niemiec

Bartholomeus Spranger muskał płótno czubkiem pędzla. Każdy z jego ruchów był wytworny i uroczysty. Naprzeciw niego siedział pozujący mu cesarz Rudolf II. Oczy malarza wędrowały tam i z powrotem od modela do portretu. Tors Rudolfa, okryty ciemnym płaszczem, ledwie był widoczny na czarnym tle. Bladozielona kryza okalała jasną twarz z różowymi policzkami, z prostym, szerokim nosem i gęstą, brązową brodą wokół czerwonych, grubych warg. Głowę monarchy osłaniał szeroki kapelusz wysadzany granatami i rubinami.

Ciszę zakłócał ledwie słyszalny trzask ognia w znajdującym się za plecami artysty kominku. Cesarz trwał w idealnie nieruchomej pozycji. Wzrok skierowany ku oknu błąkał się po szarym praskim niebie, z którego od dwóch miesięcy sypał śnieg. Tego dnia niebieskie i brunatnożółte mury miasta, pozłacane dzwonnice i opalizujące na perłowo dachy pałacu, na który tak lubił spoglądać latem, mieniły się wszelkimi odcieniami bieli. Oczy Rudolfa zwróciły się na sługę, który wszedł do komnaty i z niskim ukłonem oznajmił, że wielki szambelan, odpowiedzialny za skarbiec korony, pragnie z nim rozmawiać. Cesarz dał znak ręką i drzwi komnaty otworzyły się. Do pokoju wszedł niewysokiego wzrostu mężczyzna ubrany od stóp do głów na czarno, najwyraźniej bardzo wzburzony. Jego nerwowy krok świadczył o pośpiechu, ale cały czas zgięty był wpół na znak najwyższego szacunku. Przemierzył szeroką komnatę, nie obdarzając ani jednym spojrzeniem wiszących na ścianach ostatnich płócien Giuseppe Arcimboldiego, Jana Bruegla i grawiur Aegidiusa Sadelera. Nie zwrócił też uwagi na zrobiony ze złota i srebra globus, na zrekonstruowany szkielet człowieka, na szmaragdy z Persji, czaszkę wyciosaną z kwarcu, wchodzące w skład kolekcji najróżniejszych przedmiotów, którymi tak lubił otaczać się Rudolf II. Gdy szambelan dotarł do cesarza, który nadal siedział nieporuszony, pozdrowił władcę jeszcze niższym ukłonem, po czym wyprostował się, a z jego ust wylał się potok chaotycznych słów.

— Wasza Wysokość, to szaleństwo! Sześćset dukatów w złocie!... To nierozsądne, to przecież zwykły manuskrypt... kilkanaście stron zapisanych nieznanym alfabetem... dzieło, którego sensu nie znamy! Czyste szaleństwo taki wydatek!

— To świat jest szalony! — krzyknął nagle cesarz,

zrywając się z fotela. — Władza, którą sprawuję, wojny, które prowadzę, zaszczyty, które mi przyznają, czy to wszystko nie jest absurdem? Czy rządzenie zadłużonymi Czechami, wbrew woli tego kraju, nie jest bezsensowne? A czy nie jest czystym szaleństwem wtrącać się w konflikty między katolikami i protestantami, narażać się Niemcom, których dwór opuściłem, by zamieszkać w Pradze, starać się łagodzić wieczne napięcia między Francją i Austrią, hamować ambicje mego brata Macieja, który pożąda mojej korony, robić każdego dnia to wszystko, co nakazuje mi obowiązek władcy? Tylko poszukiwanie najwyższej prawdy ma sens. A za manuskrypt brata Rogera Bacona, zwanego *doctor mirabilis*, zapłaciłbym i sto razy więcej niż sześćset złotych dukatów. Oddałbym życie, żeby go móc kiedyś odczytać. Mija już dziesięć lat, odkąd szukam go po całej Europie. Nie było poranka, żebym nie miał nadziei, że ktoś przyniesie mi wiadomość o odnalezieniu tego manuskryptu! A teraz, gdy ten dzień wreszcie nadszedł, chciałbym się dowiedzieć, czy moi szpiedzy, wprawieni w rozszyfrowywaniu tajnych informacji, zdołali odczytać to dzieło!

— Nie wiem, Wasza Wysokość — odrzekł szambelan, bojąc się kolejnego wybuchu złości cesarza.

— W takim razie pójdę do nich i dowiem się osobiście! Mój portret poczeka — zakończył, odprawiając malarza gestem ręki.

Rudolf w towarzystwie służących szedł korytarzami cesarskiego pałacu. Jego pantofle stukały głucho na kolorowej posadzce. Po drodze rozmyślał o różnych plotkach, jakie przez ponad trzysta lat krążyły na temat manuskryptu, który właśnie nabył.

— Muszę wiedzieć, muszę nareszcie wiedzieć — powtarzał cicho.

Od ponad dziesięciu lat ściągał na swój dwór najsłynniejszych uczonych Europy. Chciał pojąć sens otaczającego go świata, tajemnicę nakładania się dnia i nocy, przyczynę narodzin i śmierci, sekrety biegu czasu i tajniki wielkiego wszechświata, który co wieczór podziwiał. Dlatego kiedy jeden z jego ludzi powiadomił go, iż odnalazł manuskrypt Rogera Bacona, serce zabiło mu silniej. Dla człowieka w jego wieku zachowanie nadziei było przecież o wiele trudniejsze niż w młodości. Po kilku rozczarowaniach niemal całkowicie ją utracił. Jednak teraz obudził się w nim na nowo młodzieńczy entuzjazm. Gdy cesarz po raz pierwszy wziął do ręki manuskrypt i ujrzał nieznane pismo, poczuł, że jest bardzo blisko i zarazem bardzo daleko od celu. Potem zamknął książkę w swoich dużych dłoniach. Intuicyjnie przeczuwał, że jest w niej coś niezwykłego, wyjątkowego.

— Wielka tajemnica — szepnął do siebie Rudolf. — Czy to możliwe, że w końcu się odsłoni?

Od tamtego dnia niemal tracił rozsądek. Poznanie było tak blisko, a jednocześnie lękał się, że mu się wymknie.

Cesarz wreszcie dotarł do koszar. Wszedł do pokoju, gdzie wokół stołu siedziało sześciu ludzi. Między nimi krążył manuskrypt, który próbowali rozszyfrować. Na widok monarchy zerwali się z krzeseł i oddali mu pokłon.

— Jak postępuje praca? — zapytał Rudolf.

— Wasza Wysokość, wciąż nie możemy sobie poradzić z użytym tu kodem — odrzekł nieśmiało jeden z nich.

— Ile jeszcze czasu będziecie na to potrzebowali?

— Tego nie wiemy, ale doszliśmy już do pewnych wniosków.

— Jakie są to wnioski? — zapytał Rudolf, siadając i zapraszając uczonych, by zajęli miejsca przy stole. — Opowiedzcie mi o waszych badaniach. I nie omijajcie żadnego szczegółu.

— Wasza Wysokość, na początku sądziliśmy, że mamy do czynienia z szyfrem, któremu nadaliśmy nazwę „monosubstytucja Cezara". Ten rzymski dyktator w listach do Cycerona zamiast właściwej litery pisał literę znajdującą się trzy miejsca dalej w alfabecie. Na przykład zamiast A używał D, zamiast B wstawiał E i tak dalej. W ten sposób łacińskie nazwisko „Caesar" zapisane zostało jako FDHVDU. Obecnie jednak już wiemy, że Roger Bacon nie stosował tego rodzaju szyfru, który występuje bardzo często w przechwytywanych przez nas listach wrogów.

— Na czym opieracie swoją pewność?

— Przestudiowaliśmy wcześniejsze, napisane po łacinie dzieło Rogera Bacona — *Communia naturalium* — i stwierdziliśmy, iż najczęściej występują w nim litery N, U, S, A, E, I, T. Pomyśleliśmy więc, że zastępując symbole używane w manuskrypcie tymi właśnie literami alfabetu łacińskiego, poczynimy jakiś krok naprzód. Nie dało to jednak zadowalającego wyniku. Ponowiliśmy tę operację z językiem angielskim, francuskim, niemieckim, włoskim i greckim, ale i to skończyło się fiaskiem.

— Jakim teraz idziecie tropem?

— Skoro powstałe w ten sposób słowa nie mają żadnego sensu, wygląda na to, że mamy do czynienia z anagramami. W takim razie potrzeba wielu lat, żeby je rozszyfrować.

— Wielu lat! — zawołał wyraźnie zawiedziony Rudolf.

— Tak, Wasza Wysokość. Proszę sobie przypomnieć, że kiedy dostaliśmy do odczytania jedno tylko zdanie, które Galileo Galilei przesłał Twojemu nowemu astronomowi Johannesowi Keplerowi — SMAISMRMILMEPOETALEUMIBUNENTVGTTAVRIAS — pracowaliśmy wiele tygodni, żeby w końcu odczytać wiadomość: ALTISSIMUM PLANETAM TERGEMINUM OBSERVAVI, co znaczyło, że jej autorowi udało się zaobserwować najwyżej położoną, trójpostaciową planetę Saturn. W każdym razie, jeśli przyjmiemy, że w manuskrypcie zastosowano anagramy, to pojawia się kolejne pytanie, w jakim kierunku go odczytywać.

— Czy to znaczy, że można by go czytać od prawej do lewej albo zmieniając kierunek na końcu każdego wiersza, tak jak to było w pierwotnym piśmie greckim?

— Tak, Wasza Wysokość, chyba że należałoby czytać pionowo lub ukośnie.

— To znaczy jak?

Dla zilustrowania swoich słów uczony wziął do ręki pióro i nakreślił na kartce następujące litery:

```
S A T O R
A R E P O
T E N E T
O P E R A
R O T A S
```

— Proszę spojrzeć na ten przykład, Wasza Wysokość. Te litery, na pozór bez znaczenia, są w rzeczywistości potajemnym wyznaniem wiary, wyrażonym po łacinie. Zapis ten stosowali pierwsi chrześcijanie. Roger Bacon znał go doskonale, odwołuje się on do Biblii i wiary w jednego Boga w przeciwieństwie do wierzeń pogańskich. Użyto tu niejednego szyfru, a i znaczenie tego zapisu jest wielorakie. Przede wszystkim mamy tu do czynienia z anagramem słów PATER NOSTER. Jednakże są i inne, liczne możliwości odczytania tych liter. Jeśli odczytamy pionowo i poziomo trzecią linijkę, otrzymamy słowo łacińskie *tenet*, które znaczy „on trzyma", albo „ona trzyma" i odwołuje się do chrześcijańskiego krzyża, ukazanego w samym położeniu liter:

```
        T
        E
T E N E T
        E
        T
```

Podobnie jest z pozostałymi słowami, które można czytać poziomo i pionowo, z dołu do góry i z góry na dół, a także na ukos, jeśli się weźmie pod uwagę, że krzyż utworzony przez słowo *tenet* jest otoczony literami A i O, które odwołują się do Alfy i Omegi, to znaczy do początku i końca, do jedynego Boga, wspomnianego w Apokalipsie. Kończąc to zdanie, uczony nakreślił przed oczami Rudolfa następujące litery:

```
    A  T  O
  A     E     O
T  E  N  E  T
  O     E     A
    O  T  A
```

— Tak samo — powiedział cicho zniechęcony Rudolf — wiele kodów może zawierać ten manuskrypt, a jego alfabet i język w dalszym ciągu pozostają nieznane, co komplikuje nasze zdanie. Ilu lat potrzeba, żeby znaleźć odpowiedzi na wszystkie pytania? — Po chwili namysłu dodał, wstając: — Jest was za mało do rozwiązania tych problemów. Zbierzcie uczonych przebywających na dworze; heretyków, których chronię przed inkwizycją, alchemików, botaników, jak również astrologów i filozofów. Niech zostawią obecne zajęcia i poświęcą cały czas na rozszyfrowanie manuskryptu brata Rogera Bacona.

6

Gdy Marcus Calleron wjechał swoim chevroletem na Bleecker Street, dostrzegł Thomasa Harveya, który schronił się pod parasolem. Zauważył w jego spojrzeniu pewne zdziwienie.

— Czy spodziewał się pan zobaczyć nowiutki, błyszczący lakierem wóz, który wyjechał prosto z garażu FBI? Thomas wsiadł do samochodu, nie odpowiadając na to pytanie. Marcus okrążył Washington Square i skręcił na północ.

— Nie cierpię anonimowych wozów służbowych — wyjaśnił. — Ten stary, pogięty chevrolet pamięta wszystkie moje śledztwa. Lubię wdychać zapach papierosów, którym przesiąkł, lubię też te plamy z kawy.

— Gdzie my właściwie jedziemy? — odezwał się w końcu jego dawny profesor.

— Na południe od Albany — odpowiedział lakonicznie Marcus, zapalając papierosa.

Gdy przejeżdżali przez rzekę Hudson, włączył odtwarzacz CD. Akordy na pianinie poprzedziły wejście saksofonu tenorowego, a zaraz po nim dały się słyszeć wysokie tony grającej solo trąbki.

— Pamięta pan tę płytę? — zapytał po jakiejś chwili Marcus.

— Tak, oczywiście... Miles Davis w Carnegie Hall, maj tysiąc dziewięćset sześćdziesiąty pierwszy rok. To chyba ja zwróciłem ci na nią uwagę.

— Tak, piętnaście lat temu. Szliśmy do Brass Club posłuchać kwintetu, w którym angielski instrumentalista, grał na trąbce, i po drodze wstąpiliśmy do sklepiku z płytami na Thompson Street... Pamiętam również naszą rozmowę tamtego wieczoru. Mówił pan, że muzyka ma wpływ na nasz sposób myślenia, że jazz, rodzaj muzyki najbardziej intuicyjnej i najbardziej spontanicznej, pozwala umysłowi wyzwolić się z pewnych schematów, co umożliwia tworzenie nowych idei filozoficznych. Widzi pan, że niczego nie zapomniałem z tamtych czasów... — Po chwili wahania dodał: — ...Wtedy była jeszcze z nami Clara.

Obaj nie odzywali się jakiś czas. Melodyjną partię trąbki przerwała improwizacja instrumentów perkusyjnych. Muzyka przybierała na sile, przerywana od czasu do czasu metalicznym, synkopowanym dźwiękiem czyneli. Deszcz zaczął padać ze zdwojoną siłą. Bębniąc o przednią szybę i dach samochodu, podkreślał efekt perkusji. Gdy dźwięk talerzy ucichł, dał się słyszeć narastający stopniowo rytm bębna. Akord na pianinie zapowiedział wejście instrumentów dętych, do których dołączyła cała orkiestra. Marcus ściszył muzykę i zapytał:

— Clara była panu bliska, prawda?

— Tak. Podobnie jak panu. Obydwoje byliście najzdolniejszymi studentami, jakich miałem w całej mojej profesorskiej karierze.

— Jak mogło stać się z nią coś takiego?

— Tego się nigdy nie dowiemy... Zabrała ten sekret ze sobą. — Powiedziawszy to, Thomas wziął do ręki fiolkę ze środkami uspokajającymi, którą zauważył między fotelami. — Wciąż te same lęki?

— Tak. Żeby z nimi walczyć, każdy ma jakieś lekarstwo. Dla pana są to książki. No i ten zaszyfrowany manuskrypt, któremu poświęca pan cały wolny czas, czyż nie?

— To prawda, nigdy nie zrezygnowałem z poszukiwania wiedzy. Dopóki żyję, będę szukał odpowiedzi na pytania, jakie ludzie stawiają sobie od zawsze. A ty rzeczywiście skończyłeś z poszukiwaniem Prawdy?

— Co ma pan na myśli? Pytania, które na zawsze pozostaną bez odpowiedzi? A może odpowiedzi, które rodzą nowe, jeszcze trudniejsze pytania prowadzące donikąd? Tak, z tym skończyłem na zawsze. Ale wróćmy do pana. Dlaczego opuścił pan katedrę na New York University?

— Rok spędzony z Clarą i z tobą wiele dla mnie znaczył. Przywykłem do waszej obecności, waszych wizyt i filozoficznych dysput, które często przeciągały się aż do nocy. Traktowałem was jak własne dzieci, których nigdy nie miałem.

Thomas Harvey sam się zdziwił, że po raz pierwszy sformułował na głos myśli ukryte na dnie jego duszy. Ponieważ Marcus milczał, mówił dalej:

— Po tym, co się wydarzyło piętnaście lat temu, musiałem podjąć decyzję. Znowu byłem profesorem jak inni, ale to, czego uczyłem, bardzo szybko stało się bezosobowe. Tak się złożyło, że w tym właśnie czasie Chris Belton, producent stacji telewizyjnej NWA Channel, zamierzał stworzyć cykl audycji filozoficznych. Skontaktował się ze mną. Ponieważ włosy na głowie i broda zaczynały mi już siwieć, stanowiłem w jego oczach idealny wizerunek starego uczonego, coś w rodzaju Sokratesa dwudziestego pierwszego wieku.

— Nic więcej nie kryło się za tą decyzją?

— Masz rację. Nie powiedziałem wszystkiego. Nie ulega wątpliwości, że obwiniałem się za śmierć Clary.

— Przecież nie był pan za nią odpowiedzialny.

— Powinienem był przewidzieć, co się stanie. Należało temu zapobiec...

— Wie pan tak samo dobrze jak ja — przerwał mu Marcus — że nic i nikt nie jest w stanie zmienić biegu wydarzeń.

Marcus znowu nastawił głośno muzykę, by zakończyć tę rozmowę.

Minęli Newburgh. Po lewej stronie Marcus dostrzegł zaśnieżone szczyty Catskill Mountains. Nagle przypomniał sobie zdanie z jednej ze studenckich lektur: „Stawiaj opór niczym sklepienie, które trzyma się właśnie dlatego, że każdy z tworzących je kamieni pragnie upaść"*. Marcus zapamiętał te słowa od pierwszego razu, choć wówczas nie rozumiał jeszcze ich głębokiego sensu. Teraz jednak, gdy dotarł do przełomowego momentu życia, kiedy sam siebie zapytywał, co tak naprawdę może dodać mu sił do dalszej egzystencji, pojął wreszcie, o co tu chodzi. Wszystkie kamienie, które składały się na jego osobistą historię, dążyły tylko do tego, żeby upaść i pociągnąć go w dół za sobą. Było wśród nich wspomnienie o tym, jak stracił rodziców, była nagła śmierć Clary, rezygnacja ze studiów, które otworzyłyby przed nim wielkie możliwości, i wreszcie praca w charakterze agenta dochodzeniowego, kiedy nie pozwalał sobie na żaden odpoczynek, a wszystko po to, żeby nie żyć przeszłością. A jednak, choć każda cząstka jego jestestwa ciągnęła go nieustannie do dołu, jakaś nieznana siła, którą nazywał swoim „sklepieniem", nie pozwalała upaść. Dziś także, jadąc w kierunku Kingston, czuł, że to właśnie dzięki temu sklepieniu może w ogóle działać. Zdawał sobie sprawę, że każda upływająca sekunda, każdy przejechany kilometr, przybliżały go do rozwiązania tej sprawy. Nawet przez moment nie przychodziło mu na myśl, że mogłoby się nie udać. Zastanawiał się tylko, jaką będzie musiał zapłacić cenę, żeby poznać prawdę.

— Już niedługo będziemy na miejscu — powiedział, zjeżdżając z międzystanowej autostrady 787. — Rezyden-

---

* Heinrich von Kleist (1777—1811).

cja Howarda A. Durranta znajduje się około dwudziestu dwóch kilometrów stąd.

Za niecałe pół godziny Thomas Harvey i Marcus Calleron ujrzeli ogromną bramę z kutego żelaza i wjechali przez nią na główną aleję, prowadzącą do wielkiego domostwa w średniowiecznym stylu. Na schodach przed frontowym wejściem powitała ich kobieta w wieku około pięćdziesięciu lat.

— Dzień dobry, nazywam się Calleron, jestem agentem specjalnym, a to profesor Harvey. Prowadzę dochodzenie związane z pracami profesora Howarda A. Durranta. — powiedział Marcus.

— Już od dwóch lat nikt nie odwiedza mego męża. Pewnie panowie nie wiecie...

— ...że od tamtej pory jest utrzymywany przy życiu za pomocą kroplówek? Wiemy to. Chcielibyśmy tylko zajrzeć do jego komputera i biblioteki.

Pani Durrant zaprowadziła ich do wielkiego pokoju, w którym setki książek zajmowały ustawione pod ścianami półki od podłogi do sufitu.

— To tutaj — powiedziała — mój mąż spędzał większość czasu, tu znajduje się wszystko, co dotyczy jego pracy. Od dwóch lat nikt niczego nie ruszał.

— Proszę pani — wtrącił Marcus, zanim zdążyła wyjść — przeczytałem dokładnie raport o okolicznościach wypadku pani męża, ale chciałbym usłyszeć pani wersję wydarzeń.

— To się stało w tym pokoju. Howard przyjął gościa, którego wizyta trwała prawie dwie godziny. Był to mężczyzna około trzydziestu lat, wysoki, szczupły, o kościstej twarzy. Kiedy opuszczał nasz dom, usłyszałam straszny krzyk męża i natychmiast pobiegłam do biblioteki. Ale było już za późno. Postradał zmysły i do tej pory ich nie odzyskał. Dlaczego pyta pan mnie o to?

— Dwa dni temu były senator Mark Waltham postradał zmysły w podobnych okolicznościach w swoim domu na Long Island. Wszystko wskazuje na to, że jego nagły przypadek, jak i choroba pani męża mają podłoże kryminalne.

Gdy zostali w bibliotece sami, Thomas Harvey podszedł do półek z książkami. Przenosił wzrok od jednej do drugiej z coraz większym zainteresowaniem. Głaskał dłońmi grzbiety woluminów, które niekiedy wyciągał, aby lepiej ocenić ich oprawę.

— Są to drogocenne okazy — powiedział — niektóre egzemplarze mają ponad pięćset lat. A widzę tylko książki stojące na wysokości człowieka. Te ustawione wyżej są z pewnością białymi krukami bibliofilskimi.

— Skąd ta pewność?

— Bo w bibliotekach na wyższych półkach zawsze ustawia się egzemplarze najcenniejsze — odpowiedział profesor, wchodząc po drabince, opartej o półki. — Tym sposobem dzieła te mniej są narażone na wpływ wilgoci. Ponadto dotyka ich mniej gości. Proszę, oto egzemplarz manuskryptu z dwunastego wieku — *De anima* Arystotelesa — rzecz absolutnie wyjątkowa; a tu jeden z najstarszych znanych manuskryptów Platona, sporządzony w Konstantynopolu w dziewiątym wieku... O, ciekawe, wygląda na to, że brakuje jednej książki albo nie została odłożona na miejsce.

— Dlaczego pan tak uważa?

— To oczywiste, proszę spojrzeć na to oryginalne wydanie Biblii Gutenberga, które opiera się ukosem o oprawę niezwykle rzadkiego egzemplarza *Legenda aurea**, wydrukowanego przez Williama Caxtona w tysiąc czterysta osiemdziesiątym trzecim roku. Książki o tak wielkiej wartości nigdy nie są stawiane w ten sposób przez prawdziwego bibliofila. Poza tym, chyba...

— Co pan tam zobaczył?

— Wydaje mi się, że na pustym miejscu leży drobny złoty pył.

— Niech pan niczego nie rusza! — zawołał Marcus. — Proszę mnie tam wpuścić.

Chwilę potem Marcus zebrał odrobinę złotego pyłu do przezroczystej torebki, którą zamknął hermetycznie i schował do kieszeni. Potem, zostawiając Thomasa przy przeglądaniu półek bibliotecznych, włączył komputer zainstalowany w głębi pokoju.

— Jest coś interesującego? — zapytał po kilku minutach Harvey, odwracając bardzo delikatnie strony Pisma

---

* *Legenda aurea* (*Złota legenda*) — trzynastowieczny zbiór żywotów świętych i męczenników, autorstwa Jakuba de Voragine.

Świętego, wydrukowanego w szesnastym wieku we Włoszech.

— Durrant aktywnie uczestniczył w forum poświęconym manuskryptowi *ms 408*. Ponadto wiele jego e-maili wskazuje na to, że szukał dzieła Rogera Bacona *O nadzwyczajnej potędze sztuki i natury*.

— Tak, przypominam sobie, że mówił o tym na forum.

Howard A. Durrant był przekonany, że dokładne przestudiowanie tego dzieła mogłoby pomóc w odczytaniu zaszyfrowanego manuskryptu. Ponieważ jednak Kościół zakazywał przez wiele wieków publikacji pism Bacona, istnieje bardzo mało egzemplarzy tej książki. A może pan wie, czy ostatecznie zdobył któryś z nich?

— Tak, w wykazie jego ostatnich zakupów jest wzmianka, że stał się posiadaczem tego dzieła kilka tygodni wcześniej, zanim postradał zmysły. Ale jest jeszcze jedna rzecz...

W tym momencie Marcus znieruchomiał z wyrazem osłupienia na twarzy.

— Co tam znalazłeś? — zapytał Thomas Harvey.

— Z poczty elektronicznej wynika, że Durrant otrzymał wiadomość od Edypa, któremu wyznaczył spotkanie w dniu swego wypadku.

— Czy mówił komuś o tym?

— Tak, Włochowi, Bartolomeowi della Rocca, z którym, jak się wydaje, regularnie wymieniał e-maile.

— Znam go. To były wykładowca uniwersytecki, który mieszka we Florencji i także uczestniczy w forum poświęconym manuskryptowi *ms 408*. Jaka była jego reakcja?

— Della Rocca odradzał mu usilnie spotkanie z Edypem.

— Jak widać Durrant nie posłuchał jego rad. Ale bez względu na to, jak było, Durrant kupił poszukiwane dzieło, wobec tego na pewno znajdziemy je w bibliotece. Książki są zaklasyfikowane według nazwisk autorów. Bacon powinien więc znajdować się tutaj... Jest! *O nadzwyczajnej potędze sztuki i natury*, wydanie z szesnastego wieku. O, proszę, jedna strona zaznaczona jest kawałkiem papieru.

Thomas wziął do ręki wolumin i po cichu przeczytał zaznaczony fragment. Po czym podszedł do Marcusa, wołając:

— Howard A. Durrant natrafił na pewien trop. Znalazł fragment, w którym Roger Bacon, zanim zaszyfrował manuskrypt, opisał siedem najskuteczniejszych metod szyfrowania wiadomości. Poleca użycie różnych języków i różnych alfabetów.

— Zaczynam rozumieć. Durrant i Waltham, choć różnymi drogami, doszli do tego samego wniosku, że *ms 408* został zaszyfrowany nie w jednym, lecz w kilku językach. I obaj niestety opowiadali o swoich badaniach na forum internetowym. Edyp zrozumiał, że dzięki temu odkryciu dojdą wkrótce do prawdy, i dlatego na zawsze zmusił ich do milczenia. Ale my znaleźliśmy się w impasie. Żaden ślad nie prowadzi do Edypa. Jedynie Bartolomeo della Rocca, który się go chyba bał, mógłby nas oświecić. Żeby jednak prowadzić śledztwo we Włoszech, muszę mieć akredytację, a to może potrwać kilka tygodni.

— Jeśli o to chodzi, nie ma problemu! Ja jestem zwykłym obywatelem i nie potrzebuję żadnego pozwolenia, żeby wyjechać za granicę. — Thomas, słysząc szum deszczu smagającego szyby, spojrzał na coraz ciemniejsze niebo i dodał: — Wracajmy do Nowego Jorku, zanim burza zablokuje wszystkie drogi. W domu za pośrednictwem Internetu skontaktuję się z della Roccą i poproszę, by mnie przyjął u siebie. Potem wsiądę do pierwszego samolotu lecącego do Florencji. Spróbuję dowiedzieć się tam czegoś więcej o Edypie.

7

Praga, 1602 rok

— Panie, oto już minął miesiąc, kiedy najsłynniejsi uczeni na moim dworze otrzymali kopię zaszyfrowanego manuskryptu Rogera Bacona. Wezwałem cię dziś do siebie, abyś przedstawił mi szczegółowe sprawozdanie z waszych osiągnięć.

Przed cesarzem, który wypowiedział te słowa tonem nieznoszącym sprzeciwu, stał Jacobus de Tepenec, znakomity mistrz alchemii i dyrektor pałacowych ogrodów botanicznych. Na skinienie Rudolfa zajął miejsce na końcu stołu znajdującego się pośrodku komnaty oświetlonej szeregiem srebrnych kandelabrów. Pod złoconymi fryzami zwieszały się aż do podłogi ogromne gobeliny, francuskie i włoskie. Wzdłuż ścian na tle obić z czerwonego jedwabiu stały marmurowe rzeźby.

— Wasza Wysokość, twoi uczeni, pracując w dzień i w nocy, dokonali licznych odkryć. Najpierw zauważyli, że liczba liter użytych przez Rogera Bacona jest większa od liczby liter w znanych nam alfabetach. Pomyśleliśmy więc, że niektóre symbole manuskryptu odpowiadają również cyfrom, od zera do dziewięciu. Jeden z szyfrów zastosowanych w tym manuskrypcie bez wątpienia został zainspirowany kwadratem Polibiusza, który Roger Bacon znał doskonale, gdyż powoływał się nań w jednym ze swych dzieł.

— O co tu chodzi?

— Ten grecki historyk wpadł na pomysł, aby szyfrować swoje listy w postaci takiej oto tabeli, w której my umieściliśmy odpowiednie litery i cyfry:

	1	2	3	4	5	6
1	A	0	Y	P	1	T
2	E	3	2	Q	D	U
3	L	X	H	R	J	Z
4	I	9	6	G	S	C
5	B	7	5	N	O	M
6	K	8	4	F	V	W

W ten sposób każda z liter jest reprezentowana przez liczbę złożoną z dwóch cyfr: tej ze swojej linijki i tej z kolumny. Przy zastosowaniu tej metody słowo „Rudolf" oraz data „1602" wyglądałyby następująco:

34 26 25 55 31 64   15 43 12 23

Jeśli teraz zastąpimy każdą cyfrę nieznanym symbolem, otrzymamy zaszyfrowany zapis bardzo podobny do użytego przez Rogera Bacona w jednej części jego manuskryptu. Jednak pozostaje nam do odkrycia rozłożenie liter w tabeli, którą stworzył, i symboli odpowiadających każdej z cyfr.

— I taki jest rezultat waszych prac?

— To nie wszystko, Wasza Wysokość, wiemy także, iż długość słów w tym dziele jest mniejsza niż w większości dawnych i dzisiejszych języków. Doszliśmy więc do przekonania, że poniższe symbole:

odpowiadają nie jednej, ale dwóm literom jakiegoś alfabetu.

— Czy już wiecie, jaki jest wyjściowy język manuskryptu? Angielski, francuski, łaciński... a może grecki lub hebrajski? Bo tyloma językami władał ten *doctor mirabilis*.

— Nie, wiemy tylko, że są to trzy języki.

— Skąd ta pewność?

— Ponieważ mamy tu do czynienia z trzema różnymi systemami gramatyki. Wszystkie znane nam języki podporządkowane są konkretnym regułom, które odnoszą się do tworzenia liczby mnogiej, zmiany końcówek wyrazów, rozróżniania rodzajów, albo określają miejsce liter w słowie czy też miejsce słowa w zdaniu. I tak w języku łacińskim litery I, D, X mogą występować razem w pewnym kierunku, gdy na przykład tworzą początek słowa DIXIT, natomiast żadne słowo nie zaczyna się grupą liter DXI. Tą samą drogą zidentyfikowaliśmy trzy różne systemy reguł, określające każdy z języków użytych w manuskrypcie. Na przykład w pierwszym systemie cztery symbole

nigdy nie kończą żadnego słowa, podczas gdy w drugim systemie, znaki

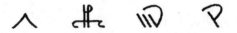

nigdy nie stoją na początku wyrazów. Wreszcie w trzecim systemie możliwa jest zbitka dwóch liter

gdzie indziej w ogóle niestosowana.

— Bardzo dobrze, to znaczy, że posunęliśmy się do przodu.

— Niestety nie, Wasza Wysokość, bo chociaż ustaliliśmy dokładnie system gramatyczny w tym manuskrypcie, doszliśmy do wniosku, że zakodowane w nim języki zostały wcześniej zmodyfikowane. Niektóre z liter były przez autora systematycznie usuwane, a jednocześnie dodawał on inne.

— W jakim celu?

— Zmniejszając lub powiększając długość słów, Roger Bacon stworzył manuskrypt złożony głównie ze słów

55

cztero- i pięcioliterowych, co bardzo utrudnia rozpoznanie języków. Ponadto przekonaliśmy się, że autor często między dwiema sylabami robił takie przerwy, jakie robimy między słowami.

— Czy macie jeszcze nadzieję, że odkryjecie szyfr tego dzieła?

— Uda nam się jedynie wtedy, jeśli zidentyfikujemy terminy mające sens i te, których użyto tylko po to, aby zaznaczyć przejście z jednego systemu szyfrowego do drugiego.

Jednak Rudolf nie zwracał już uwagi na wywody mistrza alchemii, ledwie słyszał jego głos. Ogarnęło go ogromne, dogłębne zniechęcenie, z którym tak często walczył. Podniósł się wolno z fotela i skierował do swoich prywatnych apartamentów. Zaraz potem się położył. Kiedy jego słudzy zapalili świece, pogrążył się w myślach, nad którymi nie był już w stanie zapanować. Z ciemności z wolna wyłaniał się prostokąt okna. Cesarz ujrzał migające gwiazdy. Długo na nie spoglądał, aż nagle, kiedy prawie zapadał w sen, podskoczył na łóżku.

— Kepler — powiedział na głos. — Johannes Kepler, tylko on może rozwiązać tę tajemnicę.

Cesarz natychmiast wstał i wydał rozkazy:

— Wyjeżdżam z Pragi. Niech zaprzęgną konie do lekkiej karety! Chcę być jak najszybciej w obserwatorium astronomicznym.

8

Wysiadając z taksówki, która zawiozła go do centrum Florencji, Thomas Harvey spojrzał do góry na absydę i kampanilę kościoła Santa Maria Novella. Z szarego nieba padała mżawka, od której lśniły kamienie i marmury. Podniósł kołnierz płaszcza i popatrzył na zegarek. Była dwunasta w południe. Za godzinę miał się spotkać z Bartolomeem della Rocca.

Dawno już nie byłem we Włoszech, pomyślał, idąc ulicą dei Banchi. Odkrywałem wtedy Florencję latem, w palącym słońcu późnego czerwcowego popołudnia. Miałem dziewiętnaście lat. Na chwilę zatrzymał się przed własnym odbiciem w jednej z szyb wystawowych i zamyślił się nad swym długim życiem. Kim stał się ten młody Thomas Harvey, który zwiedzał Europę?, zastanawiał się, podnosząc oczy na kopułę Brunelleschiego. Posiwiałem, ale nadal nie znam odpowiedzi na pytania, które sobie wtedy stawiałem. Świat idei zabrał mi całe życie. A ten średniowieczny manuskrypt, który miałem nadzieję kiedyś rozszyfrować... Mijają lata, a on wciąż zazdrośnie chroni swój sekret. Pewnie umrę i nie przeczytam nawet jednej jego linijki — pomyślał z goryczą.

Nogi poniosły go na Piazza del Duomo w sąsiedztwie Ponte Vecchio. Skręcając w jego kierunku, ujrzał mętne wody płynącej dołem Arno i myślami wrócił znowu do Marcusa Callerona.

Miał chyba rację, że zrezygnował z pogoni za chimeryczną wiedzą. Choć był najzdolniejszym studentem, jakiego spotkałem w całej mojej karierze profesorskiej, postanowił odwrócić się plecami do filozofii. Wolał mieć do czynienia z rzeczywistością niż próbować bezskutecznie rozwikływać tajemnice egzystencji.

Thomas spojrzał na zegarek i nagle przypomniał sobie, po co przyjechał do Florencji. Zawrócił z Ponte Vecchio i ruszył w kierunku Piazza della Signoria. E-mail, który w odpowiedzi na swoją prośbę otrzymał dwa dni temu od Bartolomea della Rocca, zawierał tylko kilka zwięzłych słów: „Spotkajmy się w piątek o trzynastej przed *Madonną ze szczygłem*". Odczytując tę elektroniczną wiadomość, Thomas Harvey od razu domyślił się, że jej nadawca miał na myśli obraz Rafaela, który znajdował się w Galerii Uffizi. Niecodzienna forma odpowiedzi i miejsce spotkania wcale go nie zaskoczyły. Internauci uczestniczący w forum poświęconym *ms 408* mieli wyraźne zamiłowanie do tajemnic. Bartolomeo della Rocca był jednym z nich i nie odbiegał od tej reguły.

Gdy Thomas Harvey znalazł się na drugim piętrze muzeum, ujrzał w bladym świetle padającym z prawej strony antyczne popiersia i posągi. Przeszedł przez cały hol, skręcił w korytarz południowy, przeciął salę poświęconą Michałowi Aniołowi i wszedł do sali z obrazami Rafaela. Obok autoportretu malarza od razu zauważył *Madonnę ze szczygłem* i stojącą nieruchomo przed obrazem jakąś osobę, którą widział tylko z profilu. Przygarbiony mężczyzna w wieku około osiemdziesięciu lat podziwiał arcydzieło Rafaela. Był wysoki, szczupły, ubrany w elegancki trzyczęściowy garnitur, miał zupełnie siwe włosy, a na jego węźlastej dłoni błyszczał złoty sygnet.

— Pan della Rocca? — zapytał cicho Thomas Harvey.

— Czy miał pan dobrą podróż, panie Harvey?

Potem, nie czekając na odpowiedź, patrząc nadal na wiszący przed nim obraz, della Rocca powiedział, nie odwracając nawet głowy:

— Czy pan wie, że według ostatnich badań tysiące zwiedzających, którzy krążą po muzeum każdego dnia, poświęcają na jeden obraz nie więcej niż siedem sekund? Ja osobiście wolę postać tylko przed jednym, choćby i godzinę.

— Dziś wybrał pan *Madonnę ze szczygłem*...

— Tak.

— W takim razie nie chciałbym panu przeszkadzać, możemy przecież równie dobrze spotkać się później.

— Ach nie, wyznaczyłem panu spotkanie w tym miejscu, bo pragnąłem poznać nareszcie prawdziwego Thomasa Harveya, z którym od ponad dziesięciu lat koresponduję za pośrednictwem Internetu i którego karierę medialną śledzę od czasu do czasu.

— Dlaczego właśnie tu, a nie gdzie indziej?

— Ponieważ obrazy największych mistrzów, oprócz tego, że wyrażają zawsze prawdę, pełnią również rolę odkrywczą. W jakimś sensie są zwierciadłem duszy człowieka, który na nie patrzy.

— Rozumiem. Pytając mnie, co widzę na tym obrazie, dowie się pan, jaki jestem.

— Otóż to. Z pewnością tyle jest możliwości odczytania tego dzieła, ilu jest ludzi na ziemi. Jedni zauważą przede wszystkim rozproszone światło, które nadaje temu pejzażowi cudowną aurę spokoju, inni będą się rozwodzić nad niezwykłą kompozycją, a na jeszcze innych zrobi wrażenie czerwień szaty Marii.

— No więc dobrze, signor della Rocca, skoro mnie pan pyta, to przyznam, że mój wzrok nieodparcie przyciąga książka, którą Najświętsza Panna trzyma w lewej ręce. W tym dziele zawiera się wielka tajemnica. Chociaż bowiem Ewangelia według św. Łukasza nie podaje dokładnie, co Maria robiła w momencie Zwiastowania, wielu artystów, takich jak Bellini, Botticelli i Tycjan, przedstawiało ją z książką w ręce. Ale co właściwie czytała? Na to pytanie nikt nigdy nie odpowie. Czy czytała o proroctwie Izajasza, który głosił nadejście Chrystusa? Jeśli tak, to dzięki tej księdze dowiadywała się właśnie, że będzie nosić w łonie Dziecię. Księga ta jest również osią, wokół której obraca się Czas. Zawiera w sobie prawdziwe sekrety, odkrywa przeszłość i jednocześnie odsłania przyszłość. Te właśnie strony od dawna pragnąłbym przeczytać. — Thomas umilkł na chwilę, po czym zapytał: — Czy moja odpowiedź zadowala pana?

— To właśnie spodziewałem się usłyszeć od autora audycji „Filary mądrości". Odejdźmy jednak na bok, bo chciałbym się dowiedzieć, co pana sprowadza do Florencji.

— Chodzi o byłego senatora Marka Walthama, który...

— Wiem, że stał się ofiarą takiej samej choroby mózgowej, która dotknęła Durranta dwa lata temu. Na forum nowiny rozchodzą się szybko.

— Dwa lata temu, zanim umysł Durranta odmówił posłuszeństwa, napisał pan do niego, by wystrzegał się Edypa. Dlaczego uważał pan, że Edyp jest niebezpieczny?

Della Rocca, jakby nie usłyszał pytania, przechadzał się miarowym krokiem ze wzrokiem utkwionym przed siebie, zatopiony w myślach. Co pewien czas spoglądał na obrazy zawieszone na ścianach, nie po to, aby je podziwiać, lecz żeby poczuć się bezpiecznie w ich obecności. Urodził się we Florencji i od wielu już lat przychodził codziennie do Galerii Uffizi. Pogrążał się tu w innym, przybliżającym go do prawdy życiu. A potem z trudem wracał do rzeczywistości.

Przerwawszy ciszę, westchnął i rzekł:

— Nie mogę niczego pewnego powiedzieć, bo tak naprawdę nie znam Edypa. Jednak... — szukając właściwych słów, zatrzymał się przed obrazem Botticellego *Pokłon Trzech Króli*. Nie dokończył zaczętego zdania, tylko szepnął: — Czyż to nie wspaniałe dzieło?

— Rzeczywiście, jedno z największych arcydzieł tego artysty... Co pan w nim widzi?

— Pańskie pytanie, panie Harvey, jest jak najbardziej usprawiedliwione. Zmusiłem pana do wyznań na temat *Madonny ze szczygłem* Rafaela, teraz więc na mnie kolej, abym i ja odsłonił się przed panem, zdradził, jaka jest moja wizja *Pokłonu Trzech Króli* Botticellego. Muszę przyznać, że za każdym razem, kiedy zatrzymuję się przed tym obrazem, odczuwam ogromne zażenowanie. Uroczysty charakter trójkątnej kompozycji, która przywodzi na myśl antyczną świątynię, i szkarłatna szata, jaką ma na sobie mag na pierwszym planie, każą mi najpierw patrzeć na środek płótna. Zawsze jednak czuję na sobie wzrok malarza, który, przedstawiony po prawej stronie obrazu, bacznie obserwuje tego, kto ogląda jego dzieło. Artysta hipnotyzuje mnie swoją obecnością. Wiele razy próbowałem uwolnić się od jego spojrzenia, ale na próżno. Zawsze kiedy patrzę na ten obraz, w końcu wbijam wzrok w jego oczy, aż dostaję zawrotu głowy. Nie jest bowiem łatwe takie spotkanie z człowiekiem nieżyjącym od prawie pięciuset lat. Ja należę jeszcze do świata żywych, ale za każdym razem zastanawiam się, który z nas jest bliższy śmierci. Czy on, Sandro Botticelli, któremu od wieków nie przybyła ani jedna zmarszczka, stojący wciąż w tym samym miejscu, zwrócony twarzą do tego, kto ogląda jego dzieło, czy ja, który wkrótce zgasnę, nie zostawiwszy na ziemi żadnego po sobie śladu? Rozumie pan, że taka konfrontacja nie może trwać długo, bo malarz jest zbyt silny, za bardzo niedostępny. Nie mam na niego nic, gdy tymczasem on może zrobić ze mną, co zechce. — Po tych słowach Bartolomeo della Rocca znowu ruszył wolno przed siebie. — Proszę mi wybaczyć, że pozwoliłem sobie na tak długą dygresję. Wróćmy do pańskiego pytania dotyczącego Edypa. Krążą o nim przeróżne, najbardziej zwariowane plotki. Niektórzy uważają, że żyje od wielu wieków, a Waltham i Durrant nie są jego pierwszymi ofiarami. Inni twierdzą, że on wcale nie istnieje, że jest istotą wymyśloną. Jedna rzecz nie ulega wątpliwości: ten, kto występuje pod tym imieniem, interesuje się bardzo zaszyfrowanym manuskryptem Rogera Bacona.

— W takim razie mógłby to być pan albo ja.

Bartolomeo della Rocca uśmiechnął się nieznacznie i odrzekł:

— Nie, panie Harvey, jestem pewien, że to nie pan jest Edypem.

— Na czym opiera pan tę pewność?

— Widzi pan, tak się składa, że rok temu spotkałem tutaj, w Galerii Uffizi, tajemniczego internautę, który kryje się pod tym pseudonimem. Bez wątpienia jestem jedynym, który przeżył takie spotkanie i, jak pan widzi, nie postradałem rozumu.

— Proszę mi o tym opowiedzieć.

— Zgoda, ale nie w miejscu publicznym. Chodźmy do mojej biblioteki. Mieszkam dwa kroki stąd w starym pałacu przy Piazza della Signoria.

9

Bartolomeo della Rocca, kładąc dłoń na złoconej gałce drzwi do swojej biblioteki, uprzedził gościa:

— To, co pan ujrzy, jest rezultatem pracy wielu ludzi oddanych bez reszty książkom.

Po czym wszedł do środka swego sanktuarium.

— O kim pan mówi? — zapytał Thomas Harvey, widząc salę z rzeźbionym w drewnie sufitem i z podłogą pokrytą rzymską mozaiką.

— O moich przodkach, którzy w ciągu wieków pasjonowali się starożytnymi manuskryptami, rzadkimi wydaniami, niezwykłymi dziełami i cennymi oprawami. I ja również poświęciłem życie tropieniu starych ksiąg w zamkach i klasztorach całego świata. — Della Rocca podszedł do gablotki z grubego szkła ze wskaźnikiem temperatury i wilgotności powietrza. — Są tu zwoje papirusów znalezionych w Tebach, datowanych na okres piątej dynastii. Tutaj natomiast są manuskrypty bizantyjskie, napisane na czerwonym welinowym pergaminie. — Della Rocca przeszedł kilka kroków wzdłuż półek, wyjął ostrożnie średniowieczny manuskrypt. — Niech pan spojrzy. Czasami, gdy w nocy nie mogę zasnąć, biorę go w ręce i zamykam oczy. Słyszę wówczas oddech tego zakonnika kopisty, który kiedyś trudził się, kaligrafując tekst w jakimś zimnym opactwie. Niekiedy nawet słyszę skrzypienie jego pióra w ciszy skryptorium.

Thomas Harvey przebiegł wzrokiem manuskrypt, który podał mu gospodarz. Wdychał ze znawstwem charakterystyczny zapach, jaki wydaje stary pergamin, długo oceniał jakość atramentu.

— Ten atrament został zrobiony z galasów* — powiedział — dla uzyskania czarnego koloru i prawdopodobnie z jakiegoś preparatu na bazie cynobru, by nadać czerwoną barwę inicjałom.

— Gratuluję! Widzę, że zna się pan na rzeczy.

— Moja historia jest w pewnym sensie podobna do pańskiej. Gdy w drugiej połowie dziewiętnastego wieku w Nowym Jorku zaczęto sprzedawać stare księgi, członkowie mojej rodziny znaleźli się wśród tych, którzy zainteresowali się nimi jako pierwsi. Pamiętam do dziś opowieści dziadka o tym, jak będąc jeszcze chłopcem, poszedł po raz pierwszy do księgarni Williama Gowansa. Setki tysięcy starych dzieł leżały tam zwalone na kupę w ogromnej sali bez okien i żadnego oświetlenia. Z lampą

---

* Galasy — narośla na liściach, najczęściej dębu, powstałe na skutek zranienia rośliny i działania jadów jaj błonkówek z rodziny galasówek, a także pod działaniem ich larw; dawniej wykorzystywane do wyrobu atramentu i garbników.

naftową w ręce szedł przed swym ojcem, który, potykając się co i rusz o książki rozrzucone po podłodze, grzebał całymi godzinami w poszukiwaniu jakiegoś cennego dzieła. To zamiłowanie przekazywane z pokolenia na pokolenie przeszło na mnie. Niestety środki, jakimi dysponowała moja rodzina, nigdy nie pozwoliły na kupno tak cennych ksiąg jak te tutaj.

— Szkoda, bo posiadanie rzadkiego dzieła jest jedyną w swoim rodzaju przyjemnością, wiążącą nas głęboko z własną historią.

— To prawda, ale muszę zadowolić się tylko ich oglądaniem. Rzadko trafia mi się okazja, że mogę potrzymać je w ręku choć przez chwilę.

— W takim razie proszę wziąć to — rzekł gospodarz, podając Harveyowi jeszcze inny oprawiony manuskrypt. — Jest to *Apokalipsa Beatusa*, napisana w baszcie obronnej opactwa San Salvador w Távara, w samym sercu Hiszpanii nieustannie nękanej wojnami z Maurami. Niech pan przyjrzy się uważnie literom. Wyczuwa się w nich drżenie rąk skrybów i miniaturzystów, przerażonych, odizolowanych na ostatnim piętrze baszty, kiedy to wartownicy na dole w każdej chwili mogli dać znak o zbliżaniu się napastników.

Thomas Harvey odstawił manuskrypt na miejsce. Poszedł dalej wzdłuż półek i oglądając książki, zastanawiał się nad osobowością gospodarza, który ani na moment nie odsłonił przed nim prawdziwego oblicza. Twierdził, że napawa go lękiem spojrzenie Botticellego, ale wyglądało na to, iż boi się również ludzi współcześnie żyjących. Przerywając tok swych myśli, Thomas zatrzymał się przed dziełem, którego tytuł wprawił go w ogromne zdziwienie.

— Czy to *Elementy* Euklidesa, wydrukowane po raz pierwszy w Wenecji w tysiąc czterysta osiemdziesiątym drugim roku przez Erhardta Ratdolta? — zapytał, sięgając na półkę.

Jednak Bartolomeo della Rocca powstrzymał go gwałtownym gestem.

— Proszę tego nie ruszać — powiedział — to wyjątkowo kruchy egzemplarz.

— Tak, zdaję sobie sprawę, że to niezwykła księga. Ma pan tutaj chyba jeden z najpiękniejszych zbiorów istniejących na świecie. Jakich dzieł jeszcze panu brakuje?

— Najbardziej fascynujących.

— To znaczy?

— Takich, o których wszyscy sądzą, że zaginęły, a które bez wątpienia znajdują się w czyjejś bibliotece. Proszę mi powiedzieć, ile zna pan tytułów tragedii Sofoklesa?

— Siedem — odpowiedział Thomas Harvey po chwili namysłu.

— Siedem — powtórzył Bartolomeo della Rocca — a Sofokles napisał ich sto dwadzieścia trzy. Mimo podeszłego wieku nie tracę nadziei, że któregoś dnia odnajdę jeden ze stu szesnastu jeszcze nieznanych jego dramatów. To samo dotyczy pism Platona, których znane dziś kopie pochodzą dopiero z dziewiątego wieku.

— Nie wymienia pan pergaminu, na którym figuruje klucz do szyfru, przekazany przez Rogera Bacona Janowi z Paryża w tysiąc dwieście dziewięćdziesiątym czwartym roku...

— Tak, oczywiście, ten manuskrypt miałby dla mnie największą wartość.

— Czy pana zdaniem ów dokument nadal istnieje?

— Całkiem możliwe.

— Kto mógłby go posiadać?

— Sam chciałbym wiedzieć. Może Edyp.

— Właśnie, miał mi pan opowiedzieć o waszym spotkaniu.

— No tak, historia zaczęła się minionej zimy. Zdobyłem wówczas egzemplarz *Biblia sacra*, nazywanej *Biblia polyglota*, którą wydał Christophe Plantin w Antwerpii. Kiedy stwierdziłem, że zawiera teksty hebrajskie, chaldejskie, łacińskie i greckie, pomyślałem od razu, że Roger Bacon mógł zaszyfrować swój manuskrypt, posługując się tymi językami. A kiedy wspomniałem o tym na forum, otrzymałem e-mail podpisany przez Edypa, który poprosił mnie o spotkanie.

— A pan wyznaczył je przed którymś z obrazów w Galerii Uffizi...

— Tak jak i panu, z tą jednak różnicą, że spotkaliśmy się przed dziełem Giorgione'a, tajemniczego malarza, którego najbardziej podziwiam.

— Czy rozmawiał pan z Edypem?

— Nie. Zaraz po przybyciu usłyszałem za sobą jego kroki. Nie odwracając się, zapytałem, co widzi na wiszącym przed nim obrazie, ale on milczał. Jestem pewien, że bał się z czymś zdradzić. Po krótkiej chwili odszedł.

Potem już się do mnie więcej nie odezwał. Dlatego uprzedziłem Howarda A. Durranta, żeby miał się na baczności.

— Czy widział pan jego twarz?

— Nie. Zdążyłem tylko zauważyć, że miał sylwetkę młodego człowieka. Nic więcej.

— Taki sam opis dały żony obu jego ofiar. — Thomas Harvey zamyślił się. Potem wyciągnął na pożegnanie rękę i rzekł: — Dziękuję, signor della Rocca, chyba już wiem, jak zdemaskować Edypa.

10

Praga, 1602 rok

Koła cesarskiej karety skrzypiały na zlodowaciałym śniegu. Cesarzowi towarzyszyło sześciu jeźdźców straży pałacowej. Wiszący nad miastem okrągły, jasny księżyc oświetlał metalicznym blaskiem okryte szronem kopuły. Rudolf, otulony w zimowy płaszcz na futrze, stukał gałką laski w ścianę powozu, chcąc zmusić woźnicę do szybszej jazdy. Para wydobywająca się z nozdrzy koni tworzyła nad ich głowami gęstą mgłę. W nocy Praga wydawała się opuszczona, wyludniona. Nie dano jeszcze sygnału do wygaszenia latarń, a lodowate zimno przegnało mieszkańców z ulic. Blade światła miasta znikały, w miarę jak cesarska kareta posuwała się krętą drogą po zboczu pierwszych wzgórz dominujących nad miastem. Pokonawszy wiele zakrętów, woźnica dostrzegł wreszcie wznoszącą się ku niebu ciemną bryłę. Było to cesarskie obserwatorium. Kareta zatrzymała się i jeden z jeźdźców eskorty podjechał, by otworzyć drzwiczki.

Cesarz zrzucił pelisę, postawił stopy na ziemi i skierował swe kroki do budynku oświetlonego jedynie blaskiem gwiazd. W momencie gdy jeden z jego ludzi zamierzał zapukać do drzwi, na progu budynku ukazała się szczupła sylwetka. Był to mężczyzna niewielkiego wzrostu, z kapeluszem z szerokim rondem w jednej ręce i ze świecą w drugiej.

— Mistrzu Keplerze — rzekł cesarz, podchodząc do niego — muszę z tobą porozmawiać.

Weszli obaj do obserwatorium, którego drzwi zaraz za nimi zamknięto.

Wewnątrz panował ogromny nieład. Na niskim stoliku, w pobliżu konstruowanego właśnie teleskopu, postawiono tacę z kawałkiem chleba i kubkiem grzanego wina tuż obok stronic pokrytych w całości jakimiś obliczeniami. Na podłodze, pośród szklanych kul różnych rozmiarów, leżały instrumenty miernicze, pion, astrolabium i sekstans. Ściany sali zawieszone były mapami nieba.

Nagle z głębi tego pomieszczenia dał się słyszeć stukot obcasów. Krętymi schodami prowadzącymi na wieżę obserwacyjną schodził młody mężczyzna ubrany w zbyt obszerną opończę, niosąc w zesztywniałej z mrozu ręce szklane płytki.

— Mistrzu Keplerze — zawołał — zaobserwowałem gwiazdozbiór Wężownika, a oto jego ostatnia pozycja, narysowałem ją na płytkach. Poza tym... — Urwał, zobaczywszy cesarza, i nisko się przed nim skłonił.

— Dziękuję ci, Friedrich, zostaw nas teraz samych — polecił mu astronom, po czym spojrzał na cesarza i rzekł: — Wasza Wysokość, jestem do usług.

— Twoje odkrycia uczyniły mój dwór najsłynniejszym w Europie. Tylko tobie udało się przeniknąć sekret ruchów gwiazd i to ty stwierdziłeś, że planety krążą nie po okręgach, lecz po elipsach. Pierwszy odkryłeś, że prawa fizyki dla nieba i ziemi są takie same. Przekonałeś mnie, że cokolwiek się dzieje w najmniejszej z moich pałacowych sal, zależy to bezpośrednio od dalekich gwiazd. Dziś jednak oczekuję od ciebie czegoś więcej. Chciałbym, abyś ty, który rozumiesz język wszechświata, spróbował rozwiązać tę tajemnicę.

Mówiąc to, Rudolf podał astronomowi manuskrypt Rogera Bacona. Johannes Kepler przejrzał w milczeniu każdą ze stron i rzekł:

— Wasza Wysokość, czy mogę o coś zapytać?

— Słucham.

— Dlaczego tak zależy Waszej Wysokości na rozszyfrowaniu tego dzieła?

— Bo tak jak i ty jestem miłośnikiem Prawdy. Jesteśmy do siebie trochę podobni. Spójrz, co uczyniłeś ze swoim życiem. O tej porze nocy mógłbyś smacznie spać i zlecić pracę twoim pomocnikom. Ale nie! Jesteś tutaj i jutro też tu będziesz ze wzrokiem utkwionym w gwiazdy, poświęcając własne zdrowie, byle tylko pojąć, jak planety przyspieszają swój bieg, zbliżając się do Słońca, jaka siła utrzymuje je na orbitach. Podobnie jak ja pragniesz wiedzieć, gdzie ukrywa się Bóg i jakie jest nasze miejsce we wszechświecie. Oto dlaczego chcę poznać treść tej księgi.

— Jednakże czasami lepiej nie wiedzieć niż wiedzieć.

— Co masz na myśli?

— Starożytni Grecy zauważyli, że kiedy każdej nocy gwiazdy przesuwają się po niebie ze wschodu na zachód, część ciał niebieskich wykonuje ruch odwrotny w stosunku do nich. Dziś już wiemy, że to tylko złudzenie. Dzieje się tak dlatego, że ludzie obserwują niebo z Ziemi, która również jest w ruchu.

— Do czego zmierzasz?

— Chcę przez to powiedzieć, że prawdziwa wiedza często uświadamia nam, iż to, co uznawaliśmy za prawdę absolutną, jest niczym innym, jak tylko iluzją. Może jest tak, że to, co uważamy za życie, śmierć, czas i przestrzeń, w rzeczywistości nie jest takie, jak do tej pory sądziliśmy. Prawda onieśmiela, zaskakuje, może wydać się niewiarygodna. Bez najmniejszej wątpliwości wykracza poza najbardziej nieprawdopodobne mity i legendy. Czy Wasza Wysokość jest gotowy stawić jej czoło?

— Tak. Nie chcę dłużej trwać w niewiedzy. Do Boga przemawiam po włosku, do moich dworzan po niemiecku, do służby po czesku, ale nie znam języka przyrody. Wolę być zaskoczony niż umrzeć w niewiedzy.

— Na ziemi są dwa rodzaje ludzi: ci, którzy pragną czytać książki, i ci, którzy ich wcale nie czytają. Tacy, którzy dążą do zdobycia wiedzy, i tacy, którzy wolą żyć, nie zastanawiając się nad wielkimi tajemnicami, nawet jeśli to życie tutaj jest tylko złudzeniem. Ci pierwsi nigdy nie będą szczęśliwi, drudzy, przeciwnie, będą mieli szansę zaznać szczęścia.

— A więc, mistrzu Keplerze, czy podejmiesz próbę rozszyfrowania tego manuskryptu?

— Postaram się, Wasza Wysokość. Jak tylko chmury obciążone śniegiem uniemożliwią obserwację nieba, poświęcę na to większą część moich dni i nocy. Prawdziwa mądrość jednakże nakazywałaby raczej, abyśmy się nie starali poznać sensu tego, co zapisane w tej księdze.

11

Po pięciu sygnałach dał się słyszeć urywany, mechaniczny głos sekretarki: „Tu agent specjalny Calleron, proszę zostawić wiadomość".
— Marcus, mówi Thomas Harvey. Jest osiemnasta trzydzieści, właśnie wróciłem do Nowego Jorku... Dzwonię z lotniska. Łapię pierwszą taksówkę i jadę prosto do domu. Oddzwoń jak najszybciej lub przyjedź do mnie... — Po chwili namysłu dodał: — Wiem, jak doprowadzić do spotkania z Edypem.

Mężczyzna siedzący za kierownicą nie spuszczał oczu z taksówki, w którą wsiadł Thomas Harvey. Zanim ruszył, wyjął z kieszeni marynarki telefon i wystukał numer.
— Tak jak przewidywaliśmy, przyleciał ostatnim samolotem z Włoch... Słucham? Nie, jest sam, nie ma śladu agenta Callerona... Tak, taksówka jedzie w kierunku Manhattanu... pewnie wraca do siebie. Dzięki

podsłuchowi założonemu w jego mieszkaniu szybko się czegoś dowiemy.

Thomas Harvey oparł się o drzwiczki taksówki wiozącej go do centrum miasta. Jego oddech zostawiał na szybie lekką mgiełkę, którą co pewien czas przecierał wierzchem dłoni. Na zewnątrz lodowaty wiatr siekł deszczem jezdnie i wysokie ściany drapaczy chmur. Zapadał zmrok. Widoczne w światłach lamp samochodowych i neonowych reklam miasto roiło się od mężczyzn i kobiet spieszących się, by uszczknąć dla siebie choć trochę wolnego czasu. Taksówka przejechała przez Pierwszą Aleję. Thomas Harvey poczuł się już jak w domu. Gdy patrzył na mijane znajome dzielnice, które oddzielały go do rzeki Hudson, oczy mu się zamknęły i na moment zasnął.

Ze snu wyrwał go nagle głos kierowcy, który zatrzymał się przed numerem sześćdziesiątym piątym na ulicy Bleecker Street.

— Tak, to tutaj, dziękuję — odrzekł, podnosząc wzrok na fronton Bayard Building.

Mężczyzna za kierownicą auta zaparkowanego dwadzieścia kroków z tyłu wyjął telefon.

— Harvey właśnie dojechał. Skoncentrujmy się teraz na podsłuchu. Będę za pięć minut.

Niedługo potem w luksusowym apartamencie przy masywnym stole zasiedli dwaj mężczyźni ze słuchawkami na uszach. Starali się zidentyfikować każdy zarejestrowany dźwięk: odgłos kroków, książek układanych na stole, odwracanych stron, znowu kroki i cichy głos kobiety śpiewającej jakąś starą melodię przy akompaniamencie pianina i kontrabasu. Nagle muzykę zagłuszył dźwięk dzwonka.

Thomas Harvey ściszył adapter z lat pięćdziesiątych i podszedł do drzwi. Spojrzał przez wizjer i otworzył.

— To ty, Marcus.

— Jak tylko odebrałem pańską wiadomość, natychmiast wsiadłem w samochód.

Calleron prawie bezszelestnie przeszedł po parkiecie. Poczuł zapach woskowanego drewna. Zdjąwszy płaszcz nieprzemakalny, wszedł do gabinetu i rozejrzał się: mnóstwo półek z setkami książek zajmowało większą część tego pokoju, na ścianach wisiały stare mapy i reprodukcje renesansowych obrazów.

— Wszystko jest na tym samym miejscu. Jak dawniej... Widzę, że ma pan nadal winylowe płyty ze swojej młodości. To *Strange Fruit* Billie Holiday, prawda?

— Tak. Pozostałem wierny starym przyzwyczajeniom.

— Siadywaliśmy z Clarą tutaj — powiedział Marcus, wskazując na dwa skórzane fotele. — A pan odpowiadał na nasze pytania, cały czas chodząc z kieliszkiem burbona w ręce.

— Jak to już dawno było...

— To prawda, ale wciąż słyszę pańskie słowa: „Świat, który nas otacza, to tylko mieszanina atomów i żywych komórek. Żeby przeżyć we wszechświecie, stworzono takie pojęcia jak czas, ruch i prawda, ale one są tylko złudzeniem".

— Tak, to moje słowa — odrzekł z uśmiechem profesor. — A pamiętasz tę dyskusję, która przeciągnęła się aż do świtu?

— Pamiętam. Pytał nas pan, jak naprawiany latami statek, w którym wymieniono wiele razy deski kadłuba, maszt, żagle, może być nadal tym samym statkiem.

— A ty, Marcus, odpowiadałeś, że identyczność jest także iluzją. Ludzie nadają wciąż tę samą nazwę temu statkowi, jakby uważali, że ktoś może być ciągle tą samą osobą, chociaż minęło wiele lat i wszystko, co tworzyło jej organizm, całkowicie już umarło, komórka po komórce, że wszystko jest już odnowione i...

— Dajmy spokój tej dyskusji — przerwał mu Calleron, zapalając papierosa. — Nie jestem już tamtym młodym studentem, żądnym wiedzy i pełnym nadziei na przyszłość. Te dysputy należą do historii. Proszę mi raczej zdradzić, jak moglibyśmy się spotkać z Edypem.

— Stwierdziliśmy, że nasz podejrzany skontaktował się z Markiem Walthamem, Howardem A. Durrantem i Bartolomeem della Rocca, kiedy wspomnieli w Internecie, że ich zdaniem językiem wyjściowym manuskryptu *ms 408* jest w rzeczywistości mieszanka wielu języków. Zamierzam przekazać na forum, że moje badania idą w tym samym kierunku. A potem pozostaje nam tylko czekać na sygnał od Edypa.

— Niezły pomysł.

— Wobec tego zabierajmy się do dzieła. — Thomas

Harvey położył przed Calleronem dokumentację złożoną z wielu setek stron. — To wyniki ponad trzydziestu lat mojej pracy nad manuskryptem *ms 408.*

— Czy ktoś już to czytał?

Profesor Harvey zawahał się na moment, zanim odpowiedział:

— Nie, jesteś pierwszy, któremu to pokazuję.

Marcus zaczął przeglądać papiery, uważnie przypatrując się nieznanemu alfabetowi.

— Co się może kryć za tymi znakami? — zapytał, przerzucając kolejne strony.

— Wiedza, którą jej autor z jakiegoś powodu wolał zachować w tajemnicy. Czyżbyś i ty miał ochotę podjąć próbę rozszyfrowania tego manuskryptu?

Jednak Marcus, pogrążony we własnych myślach, sprawiał wrażenie, jakby nie usłyszał tego pytania. Nagle zaczął żałować, że wiele lat temu z rozmysłem zrezygnował z pogłębiania swej wiedzy.

— Ach nie, nie — odrzekł w końcu — ale ciekaw jestem, do jakich wniosków doszedł pan w swoich badaniach.

— Przede wszystkim wziąłem pod uwagę hipotezę o wielu językach, opierając się na tym, co kapitan Prescott Currier przedstawił członkom National Security Agency w listopadzie tysiąc dziewięćset siedemdziesiątego szóstego roku. Na podstawie analizy statystycznej długości słów wywnioskował on, że szyfr w *ms 408* wywodzi się z kilku języków.

— Jakich?

— Żeby się tego dowiedzieć, zacząłem wyszukiwać w nim rodzajniki, zaimki i przyimki.

— Dlaczego?

— Ponieważ za każdym razem, kiedy mówimy lub piszemy, używamy bardzo wielu takich słów, bez względu na to, czego dotyczą nasze rozważania i w jakim języku się wypowiadamy.

— Takie słowa składają się zazwyczaj z jednej, dwóch lub trzech liter, prawda?

— Tak, i to w większości znanych nam języków.

— W takim razie nie powinno nastręczać trudności znalezienie ich w *ms 408*.

— I tu się mylisz. Roger Bacon przewidywał, że tą właśnie drogą pójdą próby odszyfrowania jego manuskryptu, i ukrył rodzajniki, zaimki i przyimki poprzez zastosowanie w nich niepotrzebnych liter.

— Nie rozumiem.

— Zrozumiesz natychmiast, jeśli spróbujesz zaszyfrować na przykład rodzajniki *le, la* lub *un*, zastępując w nich każdą literę następną literą w alfabecie.

— Powstaną w ten sposób słowa *mf, mb* i *vo*.

— No tak, ale w dalszym ciągu są one krótkie, a tym samym bardzo łatwe do rozszyfrowania jako rodzajniki. Jeśli jednak wstawi się w środku jedną lub dwie litery, takie jak *v, w* i *x*, które nazywamy literami niepotrzebnymi, to słowa te automatycznie się wydłużą.

— Wówczas, mając taką samą długość jak większość rzeczowników pospolitych, czasowników, przymiotników i przysłówków, staną się nierozpoznawalne.

— Właśnie... Chyba że odkryjemy te niepotrzebne litery i usuniemy je z całego tekstu.

— I pan to uczynił?

— Tak, przeanalizowałem kilka wierszy kopii *ms 408*, która znajduje się na stronie internetowej uniwersytetu w Yale, i udało mi się odkryć wiele wtrąconych symboli. — Przy tych słowach profesor Harvey podał mu kartkę.

— Jeśli przyjrzysz się dokładnie temu fragmentowi manuskryptu — mówił dalej — zauważysz, że niektóre litery zostały wstawione w środek słów według konkretnego porządku matematycznego. W pierwszym wierszu znak

najpierw pojawia się na trzecim miejscu, potem na szóstym, na dwunastym, na osiemnastym i w końcu na dwudziestym czwartym — a więc miejscach wielokrotności liczby 3. Natomiast symbol

który tu widzisz, jest wstawiony w tekście w miejscach odpowiadających wielokrotności liczby 5. Jednak całe to rozumowanie nie ma żadnego sensu, gdy przyjrzymy się temu słowu

$$80^{P}c\textrm-?$$

co wskazuje na zmianę kodu i prawdopodobnie także języka. Wówczas częstotliwość użycia znaku

$$\mathcal{Z}$$

i

$$4^{p}$$

nie odpowiada żadnej z odkrytych przez nas zasad. Z kolei znak

$$\mathcal{R}$$

pojawia się co czwartą literę aż do słowa

$$4^{p}o?a\mathcal{W}o$$

Możesz być pewien, że nie ma w tym żadnej przypadkowości, bo symbole dodawane są według określonego systemu i gdybyśmy nawet usunęli je z tekstu, nie uczynimy tych zdań zrozumiałymi.

— Dokąd to pana zaprowadziło?

— Badając tekst pozbawiony tych niepotrzebnych liter, ustaliłem statystyczną długość słów i porównałem ją z analogiczną długością w języku greckim, łacińskim i hebrajskim. Udało mi się w ten sposób określić zakodowane na podstawie tych języków odpowiadające im fragmenty.

Marcus słuchał profesora w głębokim milczeniu. Nie uszło jego uwagi coraz większe podekscytowanie Harveya. Kiedy Thomas opowiada o *ms 408*, następuje w nim stopniowa zmiana, jego głos staje się mniej zrównoważony, gesty mniej wystudiowane, spojrzenie bardziej nerwowe. Ale czy ja sam także się nie zmieniam?, zastanawiał się Marcus, ulegając niezwykłemu urokowi manuskryptu. Czyż ta nieznana siła, która trzyma mnie przy życiu wbrew mojej woli, nie bierze się z dawno już odrzuconego przeze mnie pragnienia poznania prawdy? Pełen tego rodzaju wątpliwości zapytał:

— Czy wspomniał pan coś o tym na forum internetowym?

— Nie. Chociaż opowiadam o większości moich badań, zachowałem w tajemnicy to odkrycie. Podobnie jak wszyscy internauci tego forum wciąż mam nadzieję, że będę pierwszym, który rozszyfruje *ms 408*.

— Czy rzeczywiście jest pan teraz gotów upowszechnić wyniki swoich badań?

— Tak, jeśli może to pomóc w prowadzonym przez ciebie śledztwie.

Powiedziawszy to, profesor Harvey usiadł przy komputerze, wywołał adres forum i zredagował swój tekst. A gdy skończył, siedział przez jakiś czas w milczeniu, spoglądając w ekran.

— Nie żałuje pan? — zapytał Marcus.

— Nie — odrzekł Thomas, wstając. — Nie pozostaje nam teraz nic innego, jak tylko czekać na odzew ze strony

Edypa. Przygotuję ci pokój gościnny. Lepiej, żebyś został u mnie na noc. A ja popracuję jeszcze trochę, zanim położę się spać.

Wkrótce z mieszkania Thomasa Harveya przestały dochodzić jakiekolwiek odgłosy. Gdzieś w mieście dwaj mężczyźni zdjęli z uszu słuchawki.

— My także musimy się uzbroić się w cierpliwość — powiedział jeden z nich.

— Tak, jeśli ich plan się powiedzie, już się nam nie wymkną. Ale musimy przed nimi odnaleźć tego Edypa.

12

Marcus otworzył oczy. Pokój oświetlały tylko uliczne latarnie. Rzucił okiem na budzik i stwierdził, że jest trochę po wpół do siódmej rano. Usiadł na łóżku, próbując pozbyć się niemiłego wrażenia po ostatnim śnie. Od wielu lat wracały do niego te same twarze nieżyjących już mężczyzn i kobiet, którzy patrzyli nań bez nienawiści, ale i bez życzliwości. Wydawali się zdziwieni jego widokiem, jakby nie miał prawa należeć do żadnego świata, ani do świata umarłych, ani świata żywych. Ukazują mi się każdej nocy, ale nie czekają na mnie — wracała wciąż ta sama refleksja — wiedzą, że nigdy do nich nie dołączę.

Przygładził ręką włosy, ubrał się i podszedł do okna, żeby je otworzyć. Dzień dopiero wstawał. Siąpił deszcz. Spojrzawszy w górę na niebo, które zaczynało się rozjaśniać, Marcus pomyślał, że nowy dzień będzie podobny do tych, które już przeżył, że jego życie będzie toczyć się dalej, a on nadal nie zdoła doszukać się w nim sensu.

W tym momencie w jego umyśle pojawił się obraz, którego wcale nie pragnął. Ujrzał domy ponurej dzielnicy południowego Harlemu, gdzie dorastał. Pomyślał znowu o ojcu, który pewnej bezksiężycowej nocy opuścił brzegi Kuby, gdzie zaczął niedawno pracować jako lekarz, i wyruszył do Stanów Zjednoczonych. Rok później poznał pielęgniarkę, ożenił się z nią i urodził mu się jedyny syn. Marcus wspominał wieczory, kiedy czekał na powrót rodziców tak oddanych leczeniu miejskiej biedoty, że wracali do domu już po zmroku. Jego najbliższymi towarzyszami stały się książki. Bardzo wcześnie zaczął się zastanawiać nad sensem życia. Tak minął mu okres dzieciństwa i wiek dojrzewania. Potem poznał Clarę, zaledwie dwa lata przed jej śmiercią. Wspólnie próbowali dociec, co się kryje za pozorami. Później przyszły lata pracy w Federalnym Biurze Śledczym, wszystkie podobne do siebie, jakby czas w ogóle nie istniał. Jego ciało i umysł były całkowicie nastawione na działanie, ślepe na upływ tygodni, miesięcy i lat, obojętne wobec tego, co działo się kiedyś.

Marcus zamknął okno. Nie czuł w sobie ani bólu, ani buntu. Niezdolny przeciwstawić się tej sile, która popychała go do działania, chyba po prostu ją akceptował i jakby po trosze stawał się świadkiem własnego życia. Poszedł do salonu. Thomas Harvey spał w skórzanym fotelu, z książką w ręce. Stojący za nim komputer był nadal włączony. Marcus podszedł cicho i gdy dotknął klawiatury, z ekranu zniknęły migające figury geometryczne, a na ich miejsce pojawiła się ikonka z rysunkiem koperty, oznaczająca, iż jest do odczytania jakaś wiadomość. Popatrzył na śpiącego profesora. Zawahał się, czy go budzić. Kilka razy wodził spojrzeniem od Thomasa do komputera, aż w końcu zdecydował się odczytać przesłany e-mail. Nie traci czasu — pomyślał po zapoznaniu się z treścią wiadomości.

Zapalił lampę i powiedział głośno:

— Miał pan rację, profesorze, Edyp chwycił przynętę.

Thomas Harvey gwałtownie zerwał się z fotela i skierował wzrok na komputer. Mrugając oczami, przeczytał:

```
Spotkajmy się o 8.30 na północno-wschodnim
rogu 46 Ulicy i 7 Alei. Edyp.
```

— Jest czujny — powiedział Marcus, wracając do salonu i zapinając marynarkę.

Thomas po raz pierwszy dostrzegł u swego byłego studenta broń w kaburze na szelkach pod pachą.

— Co cię skłania do takiej opinii?

— Wyznaczone na spotkanie miejsce znajduje się zaledwie dwieście metrów od Times Square. A tam łatwo skryć się w tłumie. Każdego dnia przechodzi tamtędy półtora miliona ludzi. Ponadto jest to jedyne miejsce w Nowym Jorku, gdzie nie można zatrzymać ruchu, żeby nie spowodować korka stulecia. Bez pomocy tysiąca agentów nie da się skontrolować jednocześnie Czterdziestej Szóstej Ulicy, Siódmej Alei i Broadwayu, które zbiegają się na tym skrzyżowaniu.

— Ale przecież FBI dysponuje tyloma środkami...

— On także je ma — przerwał mu Marcus, podchodząc do komputera.

— Skąd wiesz?

— Proszę popatrzeć — odrzekł Marcus, podłączając się do Internetu. — Niech pan wystuka w wyszukiwarce słowa *webcam* i *New York*... Teraz wyszukuje pan konkretne miejsce i wszystko gra. Na Times Square zainstalowano wiele działających bez przerwy kamer, dzięki czemu każdy posiadacz komputera jest w stanie bezpośrednio obserwować całą okolicę. Również Edyp może z łatwością śledzić, co się tam dzieje.

— Czy to znaczy, że w ogóle się nie pokaże, gdy zauważy w wyznaczonym na spotkanie miejscu jakiś wóz policyjny lub agenta FBI?

— Właśnie. Jest tylko jedna możliwość. Pojedziemy tam we dwóch, bez żadnego wsparcia, moim starym samochodem. Zaaresztuję Edypa sam.

Chwilę potem znaleźli się obaj przy chevrolecie zaparkowanym na Bleecker Street pod Bayard Building. Marcus otworzył bagażnik, wyjął kamizelkę kuloodporną i podał ją Harveyowi.

— Niech pan to włoży pod płaszcz. Nigdy nie wiadomo, co się może wydarzyć.

— A ty zostaniesz bez ochrony?

— Nie mam czasu jechać po drugą kamizelkę. Zresztą to tylko rutynowa ostrożność. Edyp jak dotąd nie użył broni przeciw nikomu.

— Czy masz jakiś pomysł na temat metody, którą stosował wobec swoich ofiar?

— Żadnego — odrzekł Calleron, włączając silnik wozu. — Po spotkaniu z Edypem ani Waltham, ani Durrant nie mieli żadnych śladów na ciele. Nie zostali również otruci. W każdym razie proszę trzymać się od niego w bezpiecznej odległości. Kiedy się pojawi, proszę nie podawać mu ręki i nie patrzeć prosto w oczy. Może stosuje coś w rodzaju hipnozy. Nie wolno nam niczego lekceważyć.

Była już prawie ósma, kiedy zostawili samochód i pieszo doszli do Times Square. Ponad ich głowami, na wysokości Morgan Stanley Building, na ogromnej świetlnej tablicy pokazały się pierwsze wskaźniki kursów giełdowych. Na chodnikach, biegnących wzdłuż ogromnych budynków pokrytych elektronicznymi tablicami reklamowymi, coraz bardziej gęstniał tłum spieszących się ludzi. Doszli do rogu Siódmej Alei i Czterdziestej Szóstej Ulicy. Thomas stanął tam, potrącany przez strumień przechodniów. Marcus, zająwszy stanowisko kilka metrów dalej, obserwował uważnie mijających ich ludzi, czujny na najmniejszy przejaw jakiegoś niezwykłego zachowania lub podejrzany gest. Nagle jego wzrok zatrzymał się na mężczyźnie około trzydziestu lat, który szedł w ich kierunku. Marcus udawał, że nie patrzy w jego stronę, ale kątem oka śledził nieznajomego, który był coraz bliżej. Kiedy dzieliło ich zaledwie kilkanaście kroków, mężczyzna zwolnił, rozejrzał się dokoła. Skoro tylko zauważył Marcusa, zawrócił i zaczął wolno się oddalać, aż poczuł przyłożoną do pleców lufę pistoletu.

— Calleron, agent specjalny — przedstawił się Marcus — jest pan aresztowany.

Zdecydowanym ruchem zatrzasnął mu kajdanki na przegubach. Mężczyzna nawet nie usiłował się bronić. Calleron poinformował go o prawach zatrzymanego i zaprowadził do swego wozu. Zajął miejsce wraz z nim z tyłu i podał adres biura FBI Thomasowi Harveyowi, który usiadł za kierownicą.

Niecałe dwie godziny później agent Calleron, siedząc za swym biurkiem, odłożył słuchawkę telefonu. Zapalił papierosa, głęboko się zaciągnął, po czym odwrócił głowę w bok, by wypuścić z ust dym.

— Właśnie otrzymałem odpowiedź z centralnej kartoteki odcisków papilarnych — powiedział do Thomasa Harveya, który siedział naprzeciw niego. — Nasz człowiek nie jest tam notowany.

— Rewizja osobista nic nie dała?

— Nic. Nie miał przy sobie żadnego dokumentu ani przedmiotu użytku osobistego. — Calleron wstał z krzesła i skierował się do drzwi. Stojąc już na progu, rzekł: — Chodźmy przekonać się, czy nasz delikwent nie zechce nam czegoś powiedzieć.

Zaprowadził Thomasa do ciemnego, wąskiego pokoju, gdzie za weneckim lustrem zobaczyli zatrzymanego mężczyznę. Siedział sam w pustym pomieszczeniu i sprawiał wrażenie zupełnie opanowanego.

— Tutaj usłyszy pan każde słowo naszej rozmowy — powiedział Marcus.

Wszedł do pokoju przesłuchań i zapytał:

— Czy poda mi pan wreszcie swoje nazwisko?

— To nie jest konieczne.

— Dlaczego?

— Bo nie jestem tym, którego pan szuka.

— Skąd pan wie, kogo szukam?

Mężczyzna w odpowiedzi tylko się z lekka uśmiechnął.

— Co w tym śmiesznego? — zapytał Calleron.

— Wydaje się panu, że schwytał pan Edypa, ale podobnie jak ja wpadł pan w pułapkę.

— Nikt tutaj nie wymienił tego imienia. Co pan naprawdę wie? Proszę mówić, bo to w pańskim interesie.

— Nic więcej nie powiem. Nie wolno mi.

— O jakiej pułapce pan mówi?

Mężczyzna milczał.

— Jeśli nie jest pan Edypem, to skąd go pan zna? — nalegał Marcus.

Przesłuchiwany milczał. W tym momencie do pokoju wszedł inspektor z kopertą w ręku.

— Agencie Calleron, posłaniec przyniósł list do człowieka, którego pan zatrzymał.

— Przeczytał go pan?

— Tak... ale niech pan sam osądzi.

Marcus rozwinął kartkę i jego twarz stężała. Rzucił spojrzenie na więźnia i wyszedł z pokoju.

— Co jest w tym liście? — zapytał Thomas na jego widok.

— Wątpię, czy będzie pan w stanie to wyjaśnić — odrzekł Marcus, podając mu list.

— Nie do wiary! — wykrzyknął Thomas, nie odrywając oczu od kartki. — Nie tylko znaki są identyczne ze stosowanymi przez Rogera Bacona, ale użyto też tej samej metody.

— Jest pan pewien?

— Najzupełniej. Jak już wczoraj ci wyjaśniałem, manuskrypt *ms 408* został napisany według ścisłych reguł gramatycznych. Tu także je widzę. Na przykład czwarte słowo wskazuje na przejście z jednego systemu kodowego w drugi. Następne zaszyfrowane zdanie jest w języku greckim i zgodnie z tym, czego wymaga taka metoda, słowa zawierają zawsze od dwóch do sześciu symboli.

— A więc ci ludzie rozumieją język Bacona...

— Najwyraźniej. Co zamierzasz zrobić z tym listem?

— Przekazać temu człowiekowi. Jeśli potrafi on go odczytać, będzie to krok naprzód w moim śledztwie.

— Nie ma w tym ryzyka?

— Oczywiście jest, ale nie mamy wyboru — odrzekł Marcus i wrócił do sali przesłuchań.

Przeczytawszy list, mężczyzna złożył go i schował do kieszeni.

— Proponuję panu układ — rzekł. — Pracujmy razem.

— Zgoda... — zawahał się Calleron — ale pod warunkiem że powie mi pan wszystko.

— Edyp w ogóle nie zamierzał stawić się na to spotkanie. Wie, że pan i ja go szukamy. Przypuszczam, że oglądał moje aresztowanie z własnego mieszkania za pośrednictwem jednej z umieszczonych na Times Square kamer podłączonych do Internetu.

— Skąd pan wiedział o naszym spotkaniu z Edypem?

— Śledziliśmy obu panów.

— My?

— Nie działam sam.

— Jaki jest wasz cel? Czy wy także pragniecie złapać Edypa?

— Tak. Stanowi zagrożenie o wiele większe, niż pan to sobie wyobraża.

— Dlaczego?

— To długa historia, która zaczęła się w Sankt Petersburgu w tysiąc osiemset sześćdziesiątym piątym roku, a potem miała swój dalszy ciąg w Neapolu w połowie ubiegłego wieku. Nie wolno mi zdradzić panu wszystkiego, ale musi pan wiedzieć, że byli senator Mark Waltham i Howard A. Durrant nie są pierwszymi ofiarami Edypa. Przed nimi inni jeszcze ludzie stracili zmysły w podobnych okolicznościach.

— Czy sugeruje pan, że Edyp żył sto pięćdziesiąt lat temu?

— Ci, którzy występują pod tym imieniem, działają w ten właśnie sposób od wielu wieków. Mają wiele postaci, ale zawsze to samo imię.

Marcus podszedł do weneckiego lustra i dał znak Thomasowi Harveyowi, aby do nich dołączył. Gdy profesor wszedł do sali przesłuchań, powiedział do niego:

— Nie ulega wątpliwości, że to prawda. Doktor Paul Eatherly z Columbia Presbyterian Hospital mówił mi o dwóch wypadkach podobnych do tego, jaki przydarzył się Walthamowi. Miały miejsce w Rosji i na południu Włoch.

Thomas Harvey, nie poświęcając większej uwagi wyjaśnieniom Marcusa, zwrócił się do nieznajomego:

— W jaki sposób odkrył pan sekret szyfru użytego przez Rogera Bacona?

— Ja niczego nie odkryłem, po prostu nauczyłem się go odczytywać.

— Kto pana tego nauczył?

— Tego nie wolno mi zdradzić. Tylko mój mistrz może odpowiedzieć na pańskie pytanie.

— Kto to taki?

— Nie mogę powiedzieć. Jednak w liście, który mi przesłał, daje jasno do zrozumienia, że jest gotów spotkać się z panami. Jeśli mnie uwolnicie, w krótkim czasie nawiąże z wami kontakt.

Marcus Calleron i Thomas Harvey opuścili pokój przesłuchań.

— Co zamierza pan z nim zrobić?

— Wypuścić.

— Ale on dużo wie...

— Nie będzie chciał z nami mówić. Jestem tego pewien.

— Skąd ta pewność?

— Kiedy go zatrzymałem, wcale się nie opierał, nie protestował. Bez wątpienia był na to przygotowany i doskonale radzi sobie w takich sytuacjach. O wiele więcej się dowiemy, kiedy zostanie uwolniony.

13

Północno-zachodnia Rosja
Grudzień 1865

Koń ciężko dyszał. Nogi grzęzły mu w głębokim śniegu. Mężczyzna stojący na saniach okładał go po bokach lejcami i ochryple pokrzykiwał. Chłopi zwabieni odgłosem janczarów obserwowali z progów swoich izb nieznajomego podążającego w kierunku Sankt Petersburga. Podróż dobiegała końca. Mężczyzna otulony od stóp do głów baranicą przyprószoną śniegiem zaczynał dostrzegać kontury miasta, rysujące się na granatowym niebie. Z wolna zapadał wieczór. W oddali, w świetle ostatnich promieni bladego słońca, błyszczała iglica pałacu Admiralicji. Stwardniała od mrozu droga dochodziła do brzegów Newy, całkowicie ściętej lodem. Śnieg skrzypiał pod płozami sań. Na ulicach widać było jeszcze ludzi, którzy mimo zimna zaryzykowali wyjście na dwór.

Mężczyzna skierował sanie na granitowe nabrzeże. Mijał powozy, których woźnice ubrani byli w długie palta, ściśnięte w talii haftowanymi złotem pasami. Straż nocna zapalała pierwsze latarnie. Wjechał na plac Pałacowy. Zatrzymał się. Smagany lodowatymi podmuchami wiatru wyjął z kieszeni kartkę z planem ulic oraz nazwiskiem i adresem. Przyjrzawszy się jej badawczo, schował ją na powrót do kieszeni i mruknął do siebie:

— No to się spotkamy, hrabio Swarieżski. Niech się pan przygotuje na wielki skok w nieznane.

Rozejrzał się wokoło, by upewnić się, że nikt go nie śledzi. Tuż obok jacyś ludzie ciągnęli załadowane drewnem sanki. Nieco dalej, przed żołnierzami w niebieskich płaszczach, z zawieszonymi u pasa szablami, przejeżdżały powozy na płozach. Mężczyzna stanowczym ruchem uderzył ponownie konia lejcami, przeciął plac i pojechał brzegiem Mojki. W obrębie murów miasta zimno było łatwiejsze do zniesienia. Wysokie zabudowania Pałacu Zimowego osłaniały go od wiatru od północnej strony. Nieznajomy skierował się ku Polu Marsowemu. W ogarniętym mrokiem i mrozem mieście marmurowe posągi Ogrodu Letniego rysowały się na tle czarnego nieba niczym białe zjawy. Przejechał przez most Admiralicji, zostawił za sobą twierdzę i skierował konia na prawo, na wschód. Minął drewniany dom Piotra Wielkiego i zatrzymał się sto metrów dalej przed gankiem oświetlonego budynku.

Wysiadł z sań, wbiegł po stopniach i zastukał do drzwi. Po chwili ukazał się lokaj w liberii z lampą w ręce. Gdy podniósł ją na wysokość twarzy gościa, ujrzał młodego mężczyznę z oszronioną od mrozu czarną brodą.

— Czego pan sobie życzy? — zapytał.

— Hrabia Swarieżski czeka na mnie.

— Kogo mam zaanonsować?

— Proszę mu powiedzieć, że przybył Edyp.

Nieznajomy został sam na ganku. Obok znajdowały się pomieszczenia dla służby. Z okien oświetlonych płomieniem świec patrzyli na niego dawni chłopi pańszczyźniani w czerwonych koszulach, z długimi brodami.

— Pan hrabia czeka na pana — rzekł lokaj, ponownie pojawiając się na progu.

Gość wszedł do sieni oświetlonej żółtawym światłem świec. Na ścianach zobaczył ikony w złotych rzeźbionych ramach. Wielki zegar właśnie wydzwaniał godzinę dziesiątą wieczór, wprawiając w wibrację oszklone ściany szafki, gdy ukazał się hrabia Iwan Swarieżski. Był to szczupły mężczyzna z siwiejącymi włosami, którego kołnierzyk i gors koszuli olśniewały bielą.

— Zechce pan pójść za mną — rzekł nieznoszącym sprzeciwu tonem. — Przejdziemy do biblioteki.

Znaleźli się w sali o dwóch kondygnacjach połączonych ze sobą imponującymi drewnianymi schodami. Po lewej stronie naprzeciw okien palił się ogień w kominku z zielonego kamienia uralskiego. Pod ścianami stały szafy biblioteczne z drewna orzechowego, a każda z nich pełna była ustawionych za szybami cennych książek.

— Miał pan dobrą podróż? — zapytał hrabia. — To długa droga od...

— Najważniejsze — przerwał mu gość — że przybyłem. Nie traćmy czasu. Mamy do załatwienia pewną sprawę.

— Słusznie. Gdzie jest ta cenna rzecz? Przypuszczam, że w pańskiej torbie podróżnej...

— Tak, a czy pan ze swej strony jest gotów wypełnić zobowiązanie?

— Proszę się nie obawiać. Przygotowałem wszystko już kilka tygodni temu. Jest tu, zamknięte w tej szafie.

Dziedziniec domostwa hrabiego pogrążony był w ciemnościach. Znowu zaczął padać śnieg, wirujący w podmuchach wiatru. Z okien swoich mieszkań służba mogła widzieć, jak dwa cienie przesuwają się za kotarami biblioteki oświetlonej ogniem z kominka. Jeden z cieni usiadł, podczas gdy drugi ustawicznie chodził tam i z powrotem. Niemożliwością było stwierdzić, który z dwóch cieni to hrabia Swarieżski.

Po dwóch godzinach rozległ się ochrypły, przeciągły krzyk. Służący natychmiast wbiegli do holu.

— Co to? — zapytał jeden z nich. — Sprawdzę na dziedzińcu.

— Nie, to było gdzieś w domu.

— Gdzie?

— Może w salonie...

Ponownie dał się słyszeć krzyk, któremu towarzyszył łoskot upadającego na podłogę mebla.

— To w bibliotece, szybko! — zawołało naraz kilka głosów.

Gdy dobiegli do drzwi biblioteki, ujrzeli Iwana Swarieżskiego, którego biała koszula odcinała się wyraźnie na tle czarnego, gęstego dymu. Hrabia, z pochodnią w ręce, stał przed kominkiem i wrzucał do ognia swoje książki i ikony. Dwaj słudzy siłą odciągnęli go od kominka, a pozostali zabrali się do gaszenia płomieni, od których zaczynały się już palić kotary.

Mniej więcej po godzinie pożar został ugaszony. W tym samym czasie przed domem hrabiego zatrzymały się sanie. Wysiadł z nich mężczyzna z siwymi faworytami i skierował się do wejścia. Miał na sobie długi płaszcz, spod którego widoczna była bogato haftowana aksamitna kamizelka.

— Nareszcie pan jest, Dimitriju Wasiljewiczu — powiedziała pokojówka hrabiny Swarieżskiej. — Panie doktorze, chodzi o hrabiego...

— Co mu się stało?

— Chyba postradał zmysły, ma nieruchomy wzrok, nie odzywa się i wydaje się, że nas nie słyszy...

Po lekarzu zjawił się podporucznik policji Dursakow. Wszedł, pobrzękując szablą i dzwoniąc ostrogami. Zebrawszy razem wszystkich domowników, zapytał:

— Co tu się wydarzyło?

— Przybył jakiś mężczyzna, chciał się widzieć z panem hrabią — odrzekł jeden ze służących.

— Gdzie on jest teraz?

— Wyszedł, korzystając z zamieszania.

— Czy podał swoje nazwisko?

— Nie zapamiętałem. Przypominam sobie tylko, że mówił z silnym obcym akcentem.

W centrum Sankt Petersburga jakiś człowiek okładał biczem swego konia. Nawet nie rzucił okiem na granitowy postument z konnym posągiem Piotra Wielkiego. Gęsty śnieg zasypywał ślady zostawione przez płozy jego sań.

14

— A jeśli on nam ucieknie? — zapytał Thomas Harvey, odganiając dym z papierosa Marcusa. — Może powinniśmy go śledzić?

— Po co ryzykować, że nas zobaczy? Zna już nasze twarze i mój wóz. Poleciłem jednak dwóm agentom po cywilnemu, aby nie spuszczali zeń oka. Jadą właśnie za nim w najzwyklejszym samochodzie.

Mówiąc to, Marcus podszedł do komputera w swoim biurze. Znalazł kod dostępu na klawiaturze, po czym podłączył modem do sieci śledzenia na odległość. Natychmiast pojawił się plan Manhattanu. Podniósł słuchawkę telefonu. Klikając na poszczególne kwartały miasta, żeby je powiększyć na ekranie, powtarzał na głos wskazówki dawane mu przez rozmówcę.

— Świetnie, znajduje się na Trzydziestej Trzeciej Ulicy... idzie w kierunku zachodnim... zatrzymuje się... jakiś samochód czeka na niego na Park Avenue... Zwalnia na wysokości Dwudziestej Szóstej Ulicy... tak, w kierunku zachodnim... na skrzyżowaniu Piątej Alei i Broadwayu? Dobrze, na Sto Siedemdziesiątej Piątej, na Piątej... siódme piętro... jeszcze nie wyszedł? Jak to, nie zamknął drzwi za sobą? Niczego nie ruszajcie! Czekajcie na mnie!

Wkrótce potem Marcus i Thomas dołączyli do dwóch agentów stojących przed uchylonymi drzwiami mieszkania. Calleron, nie tracąc czasu, wyjął pistolet i zamierzał wejść do środka, ale jeden z agentów powstrzymał go.

— Niech pan nie wchodzi bez ochrony. Mamy w samochodzie kamizelki kuloodporne.

— On ma rację — powiedział Thomas Harvey. — Byłoby lepiej...

— Proszę tu zostać — przerwał mu Marcus, przekraczając próg mieszkania.

Chwilę potem pojawił się w drzwiach, chowając broń do kabury.

— Zwiał schodami zapasowymi.

— Już drugi raz tego dnia daliśmy się wykołować — stwierdził Thomas.

— Nie, nie wydaje mi się, bo po co zostawiałby otwarte drzwi? Jemu nie chodziło tylko o to, żeby uciec, chciał nas tutaj doprowadzić. Musimy dowiedzieć się dlaczego.

Poleciwszy agentom, aby zostawili ich samych, Marcus i Thomas weszli do mieszkania. Calleron od razu skierował się do komputera. Wyjął z kieszeni płytę CD-ROM i włożył ją do szufladki.

— Co to jest?

— Program opracowany specjalnie dla FBI. Mają to wszyscy agenci. Pozwala odtworzyć każde słowo, które wpisano na komputerze. Im jest ono bardziej skomplikowane, tym szybciej program je odnajduje. Program sekwencyjny analizuje w ciągu kilku sekund litery wystukiwane na klawiaturze. Jeśli jakaś kombinacja powtarza się często na początku poszukiwań, wiele wskazuje na to, że odpowiada ona kodowi stosowanemu przy każdym włączaniu twardego dysku. Niech pan sam spojrzy: program właśnie odnalazł hasło wejściowe. Wystarczy wystukać *VAS92 9FAE*.

— Co powiedziałeś?

— *VAS92 9FAE* — powtórzył Marcus, sylabizując wyraźnie litery i cyfry. — Czy to coś panu mówi?

— Tak. Zostało to wzięte z *ms 408*.

— Jest pan tego pewien?

— Całkowicie. Jak wiesz, większość badaczy przypisała każdemu symbolowi z manuskryptu jedną literę naszego alfabetu. Tym sposobem sporządzili transkrypcję dzieła Rogera Bacona w języku, który wprawdzie nadal jest niezrozumiały, ale ma bardziej swojską formę i znacznie ułatwia poszukiwania. Prescott Currier przetranskrybował pierwsze zdanie z dzieła Rogera Bacona

i otrzymał taką oto postać — *VAS92 9FAE A2 OPAM ZAE*.

— W każdym razie te dwa pierwsze słowa pozwolą nam sprawdzić, co się kryje w twardym dysku.

Kiedy na ekranie pojawiły się ikonki, Calleron nacisnął na menu „szukaj", potem w skrzynce „wszystkie dane", następnie słowa „Waltham", „Durrant", „ms 408". A gdy je otworzył, ukazała się lista czternastu nazwisk:

Jan z Paryża
Grégoire Montjouan
Artaud de Vries
Thomas Norton
Rudolf II Habsburg
Jacobus z Tepenec
Georg Barsch
Marci z Cronland
Athanasius Kircher
Lorenzo Pier
P. Beckx
Wilfried Voynich
Hans P. Kraus

— Jan z Paryża — powiedział Thomas — cesarz Rudolf, Athanasius Kircher, Wilfried Voynich, wszyscy oni mieli w rękach manuskrypt Rogera Bacona.
— A pozostali?
— Tamtych nazwisk nie znam. Sądzę jednak, że to lista tych, którzy byli posiadaczami tego zaszyfrowanego manuskryptu. Spójrz na następną stronę, są na niej nowe nazwiska.

Iwan Swarieżski
Tommaso d'Astrelli
Howard A. Durrant
Mark Waltham

— Tu z kolei znamy tylko dwa ostatnie nazwiska.

— Pozostałe to z pewnością pierwsze ofiary Edypa, o których mówił zatrzymany przeze mnie mężczyzna. Jedno wydaje się rosyjskie, a drugie włoskie. Myślę także...

— A to co znowu znaczy? — zawołał Thomas, widząc na ekranie listę następujących nazwisk:

Franck Kiriakis
John Durbeck
Thomas Harvey
Marcus Calleron
Michael Rossi
Bartolomeo della Rocca
Paul Chesnet

— Co na tej liście robią nasze nazwiska? — zapytał Calleron.

— Wielu z nich regularnie uczestniczy w forum — rzekł Thomas.

— Bez wątpienia chodzi o osoby, które są bliskie odkrycia szyfru i znajdują się pod ścisłą obserwacją. Niech pan sobie przypomni, że człowiek, który nas tu ściągnął, dał nam do zrozumienia, że wie o każdym naszym kroku.

W tym momencie rozległ się dzwonek telefonu stojącego na biurku. Marcus przez sekundę wahał się, ale w końcu podniósł słuchawkę.

— Witam pana, agencie Calleron — odezwał się męski głos na drugim końcu linii.

— Z kim mówię?

— Jestem właścicielem mieszkania, w którym pan się teraz znajduje. Moje nazwisko nie ma najmniejszego znaczenia. Proszę włączyć głośnik, bo słynny twórca audycji „Filary mądrości" powinien także usłyszeć, co mam do powiedzenia.

— Zrobione. Słuchamy pana.

— Uwolnił pan mojego człowieka i jestem panu za to wdzięczny. Tak jak panu powiedział, jesteśmy gotowi do współpracy z wami.

— W czyim imieniu pan mówi?

— W imieniu Koła Prometeusza.

— Koło Prometeusza? Co to takiego?

— Jest to stowarzyszenie działające dla dobra ludzkości, respektujące wszystkie prawa krajów, w których ma swoich członków. Zostało założone w tysiąc dwieście dziewięćdziesiątym czwartym roku, gdy Roger Bacon, umierając, powierzył Janowi z Paryża swój manuskrypt, a także pergamin, na którym umieścił klucz do rozwiązywania użytego przez siebie szyfru. Jan z Paryża po powrocie do Francji zebrał ludzi, do których miał pełne zaufanie, i założył to właśnie stowarzyszenie. Miało ono chronić dzieło Rogera Bacona, jak również metodę jego rozszyfrowywania. Po ich śmierci stowarzyszenie kontynuowało działalność. Wiele mężczyzn i kobiet strzegło poprzez wieki manuskryptu i klucza do szyfru.

— Ilu członków liczy dziś Koło Prometeusza?

— Mamy swoich ludzi na całym świecie. Zgodnie z życzeniem, jakie wyraził Jan z Paryża pod koniec

107

trzynastego wieku, czuwają oni nad zachowaniem sekretu dotyczącego zakodowanego manuskryptu Rogera Bacona.

— A jednak — wtrącił się Thomas Harvey — ponieśliście porażkę, bo obecnie dzieło to znajduje się już nie w waszych rękach, ale w bibliotece uniwersytetu w Yale.

— Manuskrypt przechowywany w Beinecke Library to egzemplarz absolutnie wyjątkowy. Należał do cesarza Rudolfa II i od wieków był obiektem pożądania wielu ludzi. Jednakże atrament, jakim go napisano, jest zbyt gęsty, żeby mógł być wyprodukowany w trzynastym wieku i użyty przez Rogera Bacona.

— Chce pan powiedzieć, że jest to...

— Tylko kopia, wierna w każdym szczególe kopia dzieła, które jest w naszym posiadaniu. Została sporządzona w tysiąc pięćset osiemdziesiątym roku na pergaminie zawierającym liczne kolorowe rysunki, co dobitnie świadczy, iż jej autorem był jakiś alchemik. Oryginalny manuskrypt, napisany własnoręcznie przez Rogera Bacona na krótko przed jego śmiercią, nie zawiera żadnych ilustracji i przez cały czas znajduje się w posiadaniu naszego towarzystwa, ukryty gdzieś na naszej planecie.

— Edyp jednakże zna szyfr...

— Tak, i to jest dla nas problem. Przez prawie pięćset lat członkom Koła Prometeusza udawało się chronić pergamin z kluczem kodu, ukrywając go w twierdzach nie do zdobycia lub w podziemiach opactw na krańcach świata. Niestety w grudniu tysiąc siedemset dziewięćdziesiątego roku dokument ten został nam skradziony w okolicach Wenecji. Od tamtej pory nie szczędzimy wysiłków, żeby go odzyskać.

— Kto ukradł kod?

— Nie znamy jego nazwiska. Wiemy tylko, że nadał sobie imię Edypa, który rozwiązał zagadkę Sfinksa. A po nim inni ludzie przekazują sobie klucz do kodu i używają tego samego imienia. Przyjęli również tę samą metodę postępowania wobec swoich ofiar.

Thomas Harvey milczał przez chwilę, po czym zapytał:

— Co takiego odsłania ten manuskrypt?

— Nie wiem. Żaden z członków Koła Prometeusza nigdy tego nie wiedział.

— Dlaczego wybrano taką nazwę dla stowarzyszenia?

— Jestem pewien, że któregoś dnia sam pan to zrozumie.

15

Neapol, listopad 1947

Profesor Tommaso d'Astrelli wodził oczami przesłoniętymi parą okularów w okrągłej oprawie po półkach swojej biblioteki. Nagle jego wzrok zatrzymał się na jednej książce. Zdjął ją z górnej półki, zbliżył do twarzy, by poczuć woń starego papieru, odwrócił kilka kartek i odłożył z powrotem na to samo miejsce. Każdego ranka, jeszcze przed wschodem słońca, przychodził witać się z tymi cennymi książkami, które kolekcjonował od pięćdziesięciu lat. W niektóre dni zadowalał się przyjemnością z samego tylko widoku dzieł mających prawie pięć wieków. Najczęściej jednak wyjmował którąś książkę i studiował ją całymi godzinami, nie podnosząc głowy, nie mówiąc ani słowa.

Ale tego ranka Tommaso d'Astrelli zachowywał się całkiem inaczej. Jego krok był nerwowy, gesty mniej niż zazwyczaj precyzyjne. W ciągu kilku minut wziął i odłożył co najmniej siedem książek. Potem z kieszeni kamizelki wyjął zegarek zawieszony na łańcuszku, spojrzał na posrebrzaną tarczę i szepnął:

— Zaraz tu będzie. To tylko kwestia minut.

Drzwi do biblioteki otworzyły się. Profesor d'Astrelli zastygł w napięciu i chwilę potem się rozluźnił, ujrzawszy zgarbioną sylwetkę swojego majordomusa, który szedł między białymi kolumnami sali.

— A, to ty, Francesco... Postaw dzbanek z kawą i filiżanki tutaj, na tym stoliku... Doskonale. Mówiłem ci, że pewien człowiek przyniesie mi unikatowy dokument, jakiego nigdy jeszcze nie było w tej bibliotece? To cel mojego życia. Mój wielki dzień.

Ale Francesco, głuchy i niemy od urodzenia, niczego nie słyszał. Od dwudziestu pięciu lat służby u Tommaso d'Astrellego, przywykł, że profesor mówi do niego, choć on nie pojmuje z tego ani słowa. Stary profesor ma potrzebę wygadania się, myślał. Nie ma żony, nie ma dzieci, więc do kogo ma mówić, jak nie do mnie? Cały czas spędza w bibliotece. A przecież książki nie odpowiadają nigdy, gdy zadaje im się jakieś pytanie. On, Francesco, potrafił czasem przytaknąć, stwarzając tym sposobem wrażenie, że jest dobrym rozmówcą.

Majordomus zauważył od samego ranka, że jego pan jest czymś zdenerwowany. Zastanawiał się, jaka jest tego przyczyna. Po namyśle doszedł do wniosku, że chodzi pewnie o jakąś cenną książkę. Kiedy postawił tacę na stoliku, zobaczył, że usta profesora znowu się poruszają.

— Zdajesz sobie sprawę, Francesco, co znaczy klucz

do kodu, który Roger Bacon przekazał Janowi z Paryża? Pergamin niezwykłej wartości... Dzieło, którego brakowało w mojej bibliotece... Oczywiście cena, jakiej żądają, jest zbyt wygórowana... Co mówisz, Francesco?

Sługa kiwał głową na znak, że zgadza się ze swym panem, i z lekka się uśmiechał.

— Tak, wiem, co myślisz, zawsze jest coś za coś... Ale nie stój tak — powiedział Tommaso d'Astrelli, gestami podkreślając swoje słowa. — Biegnij i otwórz bramę, samochód mojego gościa może zjawić się lada moment...

Bugatti stelvio pędził z dużą szybkością w kierunku Neapolu. Budził się dzień. Ubrany w ciemnoszary garnitur mężczyzna za kierownicą opuścił nieco szybę. Do wnętrza wozu wpadło słonawe, wilgotne powietrze. Kierowca od razu poczuł się lepiej. Całą noc jechał wąskimi, krętymi drogami wzdłuż morza. Od czasu do czasu widział oświetlone blaskiem księżyca miasteczka, rozłożone na górskim zboczu. Z pierwszym brzaskiem ujrzał wyłaniające się przed nim miasto. Samochód jechał wybrzeżem, zostawiając za sobą chmurę pyłu. Na brzegu rybacy zdejmowali sieci, które suszyły się przy ich ubogich drewnianych domkach. Dalej widać było srebrzyste mewy towarzyszące pierwszym wypływającym w morze łodziom. Neapol z wolna się budził.

Kiedy skręcał w via Raffaello, trzej seminarzyści w sutannach i kapeluszach, zaskoczeni piskiem opon, przebiegli w pośpiechu przez jezdnię. Pucybut i sprzedawca gazet znieruchomieli, odprowadzając go wzrokiem. Samochód wjechał teraz na via Monte di Dio. Otarł się prawie o wóz ciągnięty przez dwa konie, omal nie przewrócił dostawców węgla, klęczących przy okienku piwnicznym, i skręcił w via Partenope. Dochodziły do niej liczne wąskie uliczki z czarnym brukiem, mokrym od mydlanej piany. Przejechał wzdłuż morza między plażą a parkiem Villa Communale i dotarł wreszcie do cypla Posilippo. Zatrzymał się przy kelnerze w białym fartuchu, który właśnie kończył ustawianie okrągłych stolików na tarasie kawiarni.

— Czy wie pan, gdzie znajduje się rezydencja profesora d'Astrellego?

— Dwieście metrów stąd, na końcu ulicy.

Zegar nie wydzwonił jeszcze ósmej, gdy Francesco stojący przy oknie salonu zauważył bugatti stelvio. Samochód wjechał przez bramę i stanął przed marmurową fontanną. Francesco, uprzedzony wcześniej przez profesora, wyszedł przywitać gościa. Kiedy otworzył mu drzwi, próbując wyprostować od urodzenia zgarbione plecy, zobaczył wysokiego, młodego mężczyznę około trzydziestki, ubranego bardzo elegancko, w czarnych rękawiczkach z cienkiej skórki.

Nieznajomy, nasunąwszy głębiej kapelusz na czoło, znieruchomiał na moment na stopniu swego samochodu, przyglądając się majordomusowi. A kiedy już wysiadł, skierował się do bagażnika i wyjął stamtąd aktówkę. Zaraz potem Francesco wprowadził go do domu i otworzył przed nim drzwi biblioteki.

— Miał pan dobrą podróż? — zapytał profesor, podchodząc do gościa.

— Doskonałą, dziękuję.

— Czy napije się pan kawy?

— Chętnie.

Nie czekając, aż gość opróżni filiżankę, Tommaso d'Astrelli wskazał na leżącą na stole aktówkę i zapytał niepewnym głosem:

— A więc on jest tam, w środku?

— Tak.

— Nie mogę jeszcze w to uwierzyć. Dlaczego jej pan nie otwiera? Umieram z niecierpliwości.

— Wydaje mi się, że zawarliśmy pewną umowę.

— Ach tak, proszę mi wybaczyć... Jestem bardzo wzruszony... proszę spojrzeć na tamten stolik, na te dwie torby. Znajduje się w nich wszystko, o co mnie pan prosił. Może pan sprawdzić. Niczego nie brakuje.

Kiedy gość wstał i poszedł do wskazanego miejsca, profesor d'Astrelli dotknął pieszczotliwie gładkiej skóry aktówki, a potem postanowił rozwiązać dwie wstążeczki. W środku znalazł kartkę pergaminu, zapisaną w całości w języku łacińskim, ze wszystkimi symbolami kodu zastosowanego w manuskrypcie Rogera Bacona. Profesor cofnął się o krok, skrzyżował ręce na piersi, długo milczał, aż wreszcie szepnął:

— O, mój Boże... mój Boże... To nie sen, mam go w końcu przed oczami.

Zapomniał zupełnie o obecności gościa, który stanął dwa kroki za jego plecami. Wziął pergamin w palce.

— Czekałem cierpliwie całe życie, ale teraz jest już mój... mój... Nie ma czasu do stracenia, muszę go jak najszybciej przeczytać.

Kilka minut potem Tommaso d'Astrelli rozłożył pergamin, wytarł chusteczką krople potu perlące się na czole i zwracając się bardziej do siebie niż do człowieka, który stał obok niego, mruknął:

— Jak mogłem nie wpaść na to wcześniej? Użyto tutaj trzech różnych systemów kodowania, a słowa klucze, które pojawiają się regularnie co dwie lub trzy linijki, są tylko po to, żeby zasygnalizować przejście od jednego systemu do drugiego. Teraz, kiedy już znam ten klucz, powinienem odczytać manuskrypt bez trudu.

Profesor d'Astrelli czuł, że serce bije mu w piersi jak młot. Wstał, podszedł do jednej z półek biblioteki, zdjął kopię zaszyfrowanego dzieła Rogera Bacona i położył na stole obok pergaminu z kluczem.

— No tak... — powiedział na głos, wodząc palcem wskazującym po pierwszym wierszu tekstu. — Mamy tutaj drugi system kodowy, w którym jeden symbol odpowiada kilku literom naszego alfabetu i który należy czytać w języku łacińskim. Tak więc początek manuskryptu

brzmiałby w tym wypadku następująco: *Qui hunc librum lecturus est...* Co znaczy: „Ten, kto zamierza czytać tę

115

książkę...". Popatrzmy na dalszy ciąg. Słowa następnego nie należy tłumaczyć, sygnalizuje bowiem tylko, że zmieniamy kod, jak również język...

— W takim tempie — odezwał się gość za jego plecami — będzie pan potrzebował wielu dni, żeby odczytać całość manuskryptu.

— Rzeczywiście, tego się obawiam — odrzekł profesor, po raz pierwszy podnosząc głowę.

— Dlatego, żeby zaoszczędzić panu trudu, przywiozłem także dzieło wydrukowane w tysiąc siedemset dziewięćdziesiątym pierwszym roku w jednym tylko egzemplarzu. Jest to kompletne tłumaczenie zakodowanego manuskryptu.

Mówiąc to, nieznajomy położył na stole książkę. Profesor natychmiast ją chwycił i zapytał:

— Co takiego jest w tym dziele?

— Nie wiem, nigdy go nie czytałem.

— Jak to? Dlaczego? Przecież od dawna jest w posiadaniu pańskiej rodziny...

— Powiedzmy, że są rzeczy, które interesują mnie bardziej niż tego rodzaju wiedza.

Nie czekając dłużej, profesor zabrał się do czytania. Wkrótce całkowicie się pogrążył w lekturze. Nic nie widział ani nie słyszał wokół siebie. Oddychał coraz szybciej i z coraz większym trudem. Od czasu do czasu z jego ust wymykały się słowa niedowierzania.

— Coś nadzwyczajnego! Jak ludzie mogli tego nie wiedzieć?

Nagle gwałtownie zerwał się z krzesła. Poszukał wzrokiem mężczyzny, który wciąż za nim stał.

— To niemożliwe... Nie mogę w to uwierzyć... — Na jego twarzy malowało się osłupienie. — A jednak... dowód znajduje się tu... między wierszami... A więc to taką rewelację zawiera ten manuskrypt... Pojmuję teraz, dlaczego autor pragnął zachować ją w absolutnej tajemnicy.

Tommaso d'Astrelli drżącą ręką chwycił filiżankę z kawą, opróżnił ją jednym haustem i wrócił do lektury. Po kilku sekundach przycisnął palce do skroni, zamrugał kilka razy oczami, próbując skoncentrować myśli. Oddech miał przyspieszony. Gorący pot oblewał mu całe ciało. Czytał z coraz większym trudem. Żeby temu podołać, musiał skupiać wszystkie siły. Nie panował nad swoim głosem i mimo woli z jego ust wydobywały się ciche jęki. Nagle chwycił się za głowę, próbował wstać, potknął się, oparł kolanem o podłogę. Mokry od potu podniósł wzrok na mężczyznę, który obojętnie mu się przyglądał.

— Co się ze mną dzieje? To pańska sprawka, prawda?... Pan mnie otruł... Co mi pan zrobił? Niech pan mówi... No tak, zaczynam rozumieć... To jasne, że tylko pan chce znać ten sekret. Zaraz postradam zmysły i nikt poza panem nie pozna treści tego manuskryptu... Pan jest zbrodniarzem... Francesco! Na pomoc!... Francesc... Fran...

Gość wstał powoli z krzesła, wziął z powrotem ze stołu pergamin i książkę i ułożył starannie w swojej aktówce. Zabrał również dwie torby, które przygotował dla niego gospodarz. Skierował się do drzwi i dokładnie je za sobą zamknął. W holu spotkał majordomusa. Gestem ręki dał do zrozumienia, że nie trzeba go odprowadzać.

Kiedy otwierał drzwiczki swego samochodu, tylko on jeden słyszał krzyki dochodzące z domu, który przed chwilą opuścił.

Zegar wybił dziesiątą. Majordomus pchnął drzwi biblioteki, by zabrać tacę, którą przyniósł rano. Wchodząc, zobaczył profesora d'Astrellego klęczącego przy stosie książek, które spadły z półek. Miał całkowicie sztywne ręce i nogi, oczy nieruchome. Tylko pierś unosiła się w regularnym oddechu. Na jego ubraniu i wszędzie dokoła Francesco ujrzał mnóstwo drobnych, podartych kawałków papieru, które jeszcze przed chwilą były stronicami dzieł nieocenionej wartości.

16

Gdy czarny chevrolet dojechał do rogu Piątej Alei i Ósmej Ulicy, Thomas Harvey poprosił Marcusa, by się zatrzymał.
— Nie musisz mnie odwozić aż do domu. Wysiądę tutaj, chcę się trochę przejść. — Zanim jednak zamknął za sobą drzwiczki samochodu, dodał po chwili namysłu: — Ta sprawa stała się moją obsesją. Jestem w nią tak zaangażowany, że nie mogę myśleć o niczym innym.
— Rozumiem. To samo jest ze mną. Wszystko dzieje się tak, jakby jakaś siła, nad którą nie panuję, popychała mnie do rozwiązania tej zagadki za wszelką cenę... nawet jeślibym miał stracić przy tym życie.
— Co teraz zamierzasz zrobić?
— Wracam do biura FBI. Gdyby chciał pan się ze mną skontaktować, to będę miał przy sobie telefon komórkowy całą noc.

Kilka minut potem Thomas doszedł do Washington Square. Asfaltowe alejki jeszcze błyszczały od wody deszczowej. Od kilku godzin wyglądało jednak na to, że front niskiego ciśnienia, który utrzymywał się nad miastem od tygodnia, miał wreszcie przesunąć się dalej. Spomiędzy ogołoconych z liści gałęzi drzew przezierało ognisto-czerwone niebo. Oślepiające słońce rzucało na budynki ostre niczym noże ostatnie swoje promienie. Koło Pro-meteusza... Koło Prometeusza..., powtarzał w myślach Harvey, dlaczego wybrali taką właśnie nazwę? Kiedy tak szedł, nie zastanawiając się nad kierunkiem, w głębi duszy pojmował, że odpowiedź na to pytanie otworzy przed nim drzwi, które usiłował sforsować już od wielu lat. Usiadł na wilgotnej ławce i zamknął oczy. Zapadał zmrok. Thomas z zamkniętymi oczami wdychał głęboko powie-trze. Dochodziły do niego zapachy parku. Woń mokrego asfaltu i wilgotnej ziemi przypomniały mu dzieciństwo. Często w niedzielę siadywał na tych samych ławkach. Siedział tak całymi godzinami, usiłując znaleźć odpowie-dzi na dręczące go pytania. Oddał się wspomnieniom, zapadając w stan półsnu, w którym przeszłość mieszała się z teraźniejszością. Słyszał echo starej melodii, śpie-wanej niegdyś przez Billie Holiday. Zanucił półgłosem pierwsze nuty, jakie przychodziły mu do głowy, aż wresz-cie przypomniał sobie także słowa i powiedział je szeptem:

Sunday is glommy, my hours are slumberless
Dearest, the shadows I live with are numberless... *

---

* *Niedziela jest ponura, moje godziny bezsenne.*
  Najdroższa, niezliczone są cienie, które przeżywam...
(Muzyka: R. Seress, słowa: László Jávor. Przekład na język angielski: Sam M. Lewis).

Nie dokończył, bo ogarnęła go beznadziejna melancholia.

— Czy to możliwe, że wszystko nie ma żadnego sensu? — westchnął. — Dzieciństwo, starość, śmierć mają być zwykłymi etapami absurdalnej egzystencji na ziemi? Nie ulega wątpliwości, że lepiej nie zastanawiać się nad tym.

W tym momencie przyszła mu do głowy pewna myśl. Zerwał się z ławki.

— Nie... niemożliwe — powiedział do siebie — ale muszę to natychmiast sprawdzić.

Rzucił okiem na zegarek i szybkim krokiem ruszył ku czerwonym ceglanym budynkom New York University.

Po kilku minutach znalazł się przed strażnikiem w beżowym uniformie, który po chwili wahania rzekł:

— Robię to tylko dla pana, bo o tej porze biblioteka jest zamknięta.

— Dzięki, Williamie, wynagrodzę ci to.

— Niech to zostanie między nami, bo regulamin mówi jasno, że po zamknięciu biblioteki nikt nie ma prawa tam wchodzić. Żaden student ani profesor, nawet jeśli stał się gwiazdą małego ekranu.

Gdy Thomas wchodził już między ciemne, puste alejki biblioteki uniwersyteckiej, usłyszał za sobą głos strażnika:

— Profesorze!

— O co chodzi?

— Przecież pan chyba już zna je wszystkie?

— Ma pan na myśli znajdujące się tu książki?

Ponieważ strażnik uśmiechnął się porozumiewawczo, Thomas, kierując się do sali historii średniowiecza, odpowiedział:

— Nie wszystkie, Williamie, nie wszystkie.

Wkrótce Thomas Harvey ułożył na okrągłym stole kilka książek poświęconych życiu i twórczości Rogera Bacona. Mając za źródło światła jedynie lampy awaryjne, pochylony nisko nad książkami szybko przebiegał wzrokiem ich stronice. Była już prawie druga w nocy, gdy trafił na następujący fragment:

Jedno zdanie napisane ręką Rogera Bacona w tysiąc dwieście czterdziestym roku doskonale wyraża, czym było jego życie: *Praelati enim et fratres, me jejunio macerantes, tuto custodiebant nec aliquem ad me venire voluerunt, veriti ne scripta mea aliis quam summo pontifici et sibi ipsis pervenient* *. Wynika z tego, że pisma tego filozofa już w tamtym czasie trzymane były w tajemnicy. Poszukiwania w dziedzinie metafizyki doprowadziły go do wyjątkowego odkrycia w historii myśli. Pierwsi czytelnicy jego pism natychmiast pojęli, jakie konsekwencje i zasięg mogło mieć tego rodzaju odkrycie, które już zdążyło wywołać zamieszanie w umysłach. Bardzo szybko, bo w tysiąc dwieście

---

* Prałaci i bracia zakonnicy, nakazując mi post, pilnie mnie strzegli i nikogo do mnie nie dopuszczali, bojąc się, żeby moich dzieł nie mógł czytać nikt poza papieżem i nimi samymi.

czterdziestym trzecim roku, kapituła zakonu franciszkanów zabroniła studiowania dzieł, których autorem był *Doctor mirabilis*. Trzy lata później zakaz czytania książek, które wyszły spod pióra Rogera Bacona, ponowiła kapituła zakonu dominikanów w Paryżu. Jednakże polecono mu, by kontynuował swą pracę i przekazywał jej rezultaty bezpośrednio papieżowi. Aby zagwarantować całkowite utrzymanie tajemnicy, generał zakonu franciszkanów, Hieronim z Ascoli, wydał nakaz uwięzienia filozofa. Skazany za rozprzestrzenianie niebezpiecznych idei, spędził czternaście lat w więzieniu, gdzie w tajemnicy pracował nad swym ostatnim dziełem. Dopiero pod koniec życia został uwolniony i umarł w pobliżu Oksfordu, nie zdradzając jednak sekretu, jaka była zawartość jego ostatnich pism*.

No tak, pomyślał Thomas Harvey. Dzieła Bacona nie zostały wyklęte dlatego, że były heretyckie, świętokradcze lub bezbożne, ale dlatego że zawierały niebezpieczne idee. Jego sędziowie, wydając taki wyrok, musieli być przekonani, że to, co odkrył, jest prawdą. Niebezpieczną prawdą. Jego odkryć, jakkolwiek były bardzo śmiałe, nigdy nie podważano.

---

* Lata 1243 i 1246 jako daty zakazania lektury dzieł Bacona są zbyt wczesne; Bacon był wtedy początkującym wykładowcą filozofii Arystotelesa w Paryżu i dopiero w istocie studiował; chodzi więc zapewne o lata sześćdziesiąte; natomiast Hieronim z Ascoli był generałem franciszkanów w latach 1274—1279 i wtedy dopiero (dokładna data znowu jest niemożliwa do ustalenia) potępił pisma Bacona, a jego samego kazał uwięzić.

Nagle jakiś hałas przerwał jego tok myśli. Profesor znieruchomiał i czujnie rozejrzał się wokół. Nie zauważył niczego podejrzanego. Gdy ponownie zagłębił się w lekturze, znowu dał się słyszeć jakiś szczęk, od którego aż podskoczył.

— Czy to pan, Williamie? — zapytał głośno, ale nikt mu nie odpowiedział.

Wstał od stołu zarzuconego książkami i przeszedł się pustymi alejkami między półkami, nikogo jednak nie zauważył.

Po kilku minutach wrócił do stołu, przy którym pracował. Jedna z książek najwyraźniej została przełożona na inne miejsce. Wygląda na to, pomyślał, że osoba, która gdzieś się tu ukryła, nie zdążyła zabrać tej książki, chyba że, przeciwnie, chciała zachęcić mnie do jej przeczytania. Autorstwo tej książki, wydanej w piętnastym wieku, przypisywano angielskiemu alchemikowi Thomasowi Nortonowi, który interesował się szczególnie dziełami Rogera Bacona i był kiedyś posiadaczem manuskryptu. Thomas Harvey otworzył ją, przejrzał pobieżnie kilka rozdziałów, aż rzucił mu się w oczy pewien ustęp:

...Nikt nie powinien mieć dostępu do tego zaszyfrowanego dzieła, chyba że zjawi się ktoś przysłany przez Boga, aby tego dokonać. Zawarta bowiem na tych stronach wiedza musi pozostać na zawsze nieodkryta. I to zobowiązuje nas do ostrożności. Jeśli ktokolwiek pozna ten sekret, cała ludzkość znajdzie się w niebezpieczeństwie.

Dlaczego autor, zastanawiał się w duchu Thomas Harvey, dwa wieki po werdyktach legatów papieskich przypomina o niebezpieczeństwie, jakie kryje się w tajemniczych pismach Rogera Bacona? Co muszą zawierać, jeśli nawet dziś eliminowani są ci, którzy próbują rozszyfrować ostatni manuskrypt tego uczonego? Pozostała mi reszta nocy, żeby się o tym przekonać.

Było już po siódmej rano, gdy profesor stukaniem w oszklone drzwi dał znak strażnikowi, by przyszedł mu je otworzyć. Opuścił uniwersytet, wrócił do swojego mieszkania, w gabinecie włączył komputer i długo jeszcze pracował, aż wreszcie zmęczony zasnął w fotelu.

Gdy tylko się obudził, zadzwonił do Callerona. Jego były student podniósł słuchawkę po pierwszym sygnale.

— Marcus, wiem, co Edyp robi ze swymi ofiarami.

— Jak pan do tego doszedł?

— Nie mogę tego wyjaśnić przez telefon, ale przypuszczam, że znam treść manuskryptu *ms 408*.

— Świetnie, zaraz do pana przyjeżdżam.

— Niestety nie mam teraz czasu na rozmowę. Za parę godzin zaczynam audycję, muszę ją przygotować choćby w zarysie i zapoznać z nią realizatora. Włącz telewizor wieczorem. Jeśli będziesz słuchał uważnie, z pewnością odgadniesz, co chcę ci przekazać.

17

O osiemnastej Marcus Calleron, siadając przed telewizorem, zobaczył Thomasa Harveya pośród białych kolumn, stanowiących tło audycji „Filary mądrości". Profesor podszedł do swoich gości i przedstawił ich telewidzom.

— Dzisiaj — powiedział, siadając obok nich — chciałbym państwa prosić, abyście sobie wyobrazili, że gdzieś na świecie istnieje dzieło, które przyniosłoby odpowiedzi na najważniejsze pytania filozofów. Książka, która wykazałaby nam, że nie jesteśmy takimi istotami, jak sądzimy, że to, co bierzemy za rzeczywistość, jest tylko długim łańcuchem pozorów. Lektura tej książki nauczyłaby nas, czym jest naprawdę czas, życie, świadomość, materia, i wreszcie odsłoniłaby nam powód naszej egzystencji.

Thomas Harvey przerwał. Siedząca po jego prawej stronie młoda aktorka Laura Keller zapytała:

— Kto, pana zdaniem, mógłby napisać taką książkę?

— Oczywiście wielki filozof, największy ze wszystkich. Człowiek zdolny poradzić sobie ze wszystkimi językami świata, który jednocześnie miałby za sobą studia z dziedziny astronomii, matematyki i metafizyki. Ale i to jeszcze nie wystarczyłoby do napisania takiego dzieła. Myśliciel ów musiałby całkowicie oderwać się od dóbr doczesnych, a przede wszystkim zrezygnować z wszelkich kontaktów z ludźmi.

— Czyli musiałby to być jakiś asceta? — pytała dalej aktorka.

— Tak, a może raczej... więzień zamknięty w celi przez ponad piętnaście lat, który miałby za towarzystwo tylko papier, pióro i atrament.

— Niech mi pan poda adres księgarni, gdzie mógłbym nabyć taką książkę — poprosił ze śmiechem Angus Hamilton, dawny astronauta, czujący się równie dobrze w kosmosie jak w telewizyjnym studiu.

— Czy na pewno chciałby pan mieć to dzieło?

— Naturalnie, przez większą część życia zadawałem sobie pytania, które nadal pozostają bez odpowiedzi. Dlatego nie wahałbym się ani chwili.

— Naprawdę chciałby je pan przeczytać?

— O co panu chodzi? Czy sugeruje pan, że jest tam coś, o czym lepiej nie wiedzieć?

— Właśnie do tego zmierzam. Ale zanim odpowiem na pańskie pytanie, pragnę najpierw przypomnieć telewidzom alegorię jaskini, przedstawioną przez Platona w *Państwie*. Według tego filozofa ludzie przypominają mieszkańców ciemnej jaskini. Z łańcuchami u nóg i u szyi, są skazani na to, by widzieć tylko ściany swego podziemnego mieszkania. Ogień, który pali się na zewnątrz, rzuca do wnętrza jaskini cienie postaci ludzi i zwierząt, trzymanych na ramionach tragarzy. Ludzie, oglądający te cienie od urodzenia, biorą je za rzeczywistość. A gdyby uwolnić nagle któregoś z tych więźniów, zmusić go, by wyprostował się, obrócił głowę, podniósł oczy ku światłu i spojrzał na słońce, natychmiast zostałby nim oślepiony.

— Tak więc — odezwała się ponownie Laura Keller — prawdy zawarte we wspomnianej przez pana książce byłyby jak słońce, w które nie można patrzeć bez wcześniejszego długiego przygotowania.

— Tak właśnie jest. Taki sam pogląd znajdujemy także w buddyzmie, który jest religią i zarazem filozofią. Żeby osiągnąć nirwanę, czyli stan wiedzy transcendentalnej, trzeba przejść przez wszystkie etapy długiej drogi, podczas której umysł wzmocni się, pozbawiony wszelkich iluzji i fałszywej wiedzy.

— Czy uważa pan — zapytał Angus Hamilton — że byłoby niebezpieczne dojść do tej najwyższej wiedzy bezpośrednio, pomijając te wszystkie etapy?

— Oczywiście, a niebezpieczeństwem, o którym pan wspomniał, jest to, że można od tego oszaleć. Nie wolno nam zapominać, że od miliona pokoleń to, co nazywamy rzeczywistością, pojmujemy według wciąż tych samych mentalnych schematów. I dlatego gwałtowne wtargnięcie Prawdy w miejsce naszych dawnych przekonań spowodowałoby w naszych mózgach wstrząs, podobnie jak pełne światło słoneczne oślepiłoby oczy przyzwyczajone do mroku jaskini.

— Ale w takim razie — stwierdziła z zaskoczeniem Laura — nikt nie mógłby przeczytać książki, o której pan mówi.

— Ma pani rację, nikt. Ponadto należałoby pilnować, aby nikt nigdy jej nie przeczytał. Przynajmniej nie w naszej epoce. Jednakże ciekawość ludzi, chęć stawienia czoła temu, co zakazane, nie mają granic. Bardzo ważne byłoby więc, żeby zebrała się jakaś grupa ludzi, która chroniłaby to dzieło przed innymi.

W tym momencie realizator programu dał znak Thomasowi, że jeden z telewidzów pragnie zabrać głos.

— Dzień dobry, nazywam się William Tomasson, jestem z Richmond. Słucham tej audycji od początku i wydaje mi się bardzo dziwne, że profesor filozofii przekonuje, aby zrezygnować z poznania prawdziwej wiedzy, namawia do ukrycia jedynej książki, która mogłaby do niej doprowadzić...

— Dla dobra ludzkości jest to po prostu konieczne — odrzekł Harvey zwrócony twarzą do kamery. — Czy pamięta pan mit o Prometeuszu? Wszyscy znają historię tego tytana, który ukradł z nieba ogień i przekazał ludziom, za co spotkała go kara: Zeus kazał przykuć go do skał Kaukazu, gdzie codziennie przylatywał do niego orzeł i wyjadał mu wątrobę. Mniej jednak znany jest inny fragment mitologii, z którego dowiadujemy się, że ludzie niegdyś potrafili przewidzieć przyszłość i znali ją tak, jak znali własną przeszłość. Czas nie był dla nich tajemnicą, podobnie jak powstanie świata, dzień i okoliczności ich śmierci. Jednakże ta ogromna wiedza, zamiast czynić ludzi szczęśliwymi, pogrążała ich w głębokiej rozpaczy. Dlatego też Prometeusz postanowił ocalić ludzkość, odbierając jej zdolność rozumienia pojęcia czasu. Pozbawiając ludzi znacznej części wiedzy, dał im powody do nadziei, do kontynuowania życia.

Przy tych słowach Thomas Harvey wstał, przeszedł przez studio i skierował się do stołu, na którym leżała jakaś książka. Zanim wziął ją do ręki, jedna z kamer zrobiła zbliżenie okładki. Telewidzowie mogli więc odczytać autora i tytuł dzieła:

Ajschylos
Prometeusz w okowach

Profesor otworzył książkę i czytał po cichu jakiś fragment, podczas gdy na ekranie pojawiły się napisy kończące audycję. Potem zwrócił się twarzą do kamery i powiedział wolno:

— Zapraszam państwa na kolejną audycję „Filary mądrości". A gdy wyłączycie telewizory, zajrzyjcie do tego dramatu. Mamy jeszcze wiele do nauczenia się od starożytnych.

Gdy przebrzmiało ostatnie zdanie, reżyser polecił dać podkład muzyczny, a kamera skoncentrowała się na stronicach, które czytał Thomas Harvey. Na ekranie przesuwały się linijki tekstu:

Prometeusz: *Sprawiłem, że człek przestał widzieć los swój przyszły.*

Przodownica chóru: *Jakiżeś mu wynalazł lek na tę niedolę?*

Prometeusz: *Nadziejęm ślepą w sercach zaszczepił człowieczych.*

Przodownica chóru: *Wielki to dar, zaiste, dla śmiertelnych rodu...* *.

Chwilę potem, gdy goście opuszczali studio, pracownik techniczny podał profesorowi telefon. Harvey poznał od razu głos Marcusa Callerona:

— A więc zdaniem pana to lektura manuskryptu spowodowała, że Mark Waltham i Howard A. Durrant postradali zmysły, podobnie jak inni ludzie przed nimi?

— Tak, prawdopodobnie dzieło to odkryło im tego rodzaju prawdę, której ich umysły nie były w stanie udźwignąć.

— A Koło Prometeusza, strzegąc sekretu manuskryptu *ms 408*, dąży tylko do tego, żeby ochronić ludzkość...

— Tak, doszedłem właśnie do takiego wniosku.

— W takim razie powinniśmy bezwzględnie odnaleźć Edypa, zanim da to dzieło do przeczytania komuś następnemu.

— Wiemy już, jak on działa i dlaczego. Obecnie pozostaje dowiedzieć się, kim jest.

— Może to okazać się nie takie proste. Wciąż nie jestem całkowicie pewien motywów, którymi się kieruje.

— Nie uważasz, że Edyp usuwa wszystkich tych, którzy pracują nad rozszyfrowaniem kodu manuskryptu?

---

* Ajschylos, *Prometeusz w okowach*. Przeł. Stefan Srebrny.

— Tak, ale z pewnością jest w tym coś więcej.

— Masz jakiś pomysł?

— Mam, ale wolałbym nie mówić o tym przez telefon. Muszę pojechać do mojego mieszkania po wyniki analizy pyłu, zebranego w poprzednim tygodniu z półki w bibliotece Howarda A. Durranta. Pracownik laboratorium, myśląc, że jestem u siebie, tam je przefaksował. Mieszkam w Saint George na Staten Island. Proszę ze mną tam pojechać, porozmawiamy o wszystkim po drodze.

18

Minąwszy dzielnicę banków, Marcus zaparkował samochód w południowym krańcu Manhattanu, tuż przy Battery Park. Kilka minut potem wraz z Thomasem Harveyem wsiadł na prom, który zapewniał połączenie ze Staten Island.

— Zostańmy na pokładzie — zaproponował inspektor. — Po dwudziestu czterech godzinach nieustannej pracy dobrze nam zrobi świeże powietrze.

Thomas zapiął płaszcz i oparł się o balustradę. W dole widział spienioną bruzdę wody, którą zostawiał za sobą statek. Powoli przesuwały się przed jego oczami symetryczne, szarawe zabudowania portowe. Podczas gdy pomarańczowy kadłub promu zagłębiał się w zatokę Nowego Jorku, skąpanego w mlecznej mgle, Lower Manhattan i jego budowle z kamienia, stali i szkła stawały się już tylko ciemną, coraz mniej wyraźną plamą ginącą na horyzoncie.

— Czego się dowiedziałeś o Edypie, Marcusie? —

zapytał profesor, gdy zza zasłony mgły wyłoniła się Liberty Island.

— Doszedłem do przekonania, że człowiek, który przejął to imię, nie pojawia się osobiście w domach swoich ofiar. Wiele niepokojących szczegółów w opisie tych, którzy go widzieli, każe mi przypuszczać, że u Marka Walthama i Howarda A. Durranta byli dwaj różni ludzie.

— Jednak sposób działania był podobny.

— Tak, bo te dwie zbrodnie mają tego samego inspiratora.

— I ten sam motyw.

— Właśnie na ten punkt chciałbym zwrócić pańską uwagę. Edyp nie zadowala się unieszkodliwieniem tych, którzy pracują nad szyfrem *ms 408*. Wysyła kogoś do swoich ofiar, żeby dać im do przeczytania manuskrypt, ale także coś od nich zabrać.

— Wobec tego trzeba dowiedzieć się, co to takiego. Jaką cenną rzecz mogli mieć ci dwaj ludzie, jak i tamci, których spotkał ten sam los w przeszłości?

— Jak to co? Książki. Przecież sam pan mówił, że stare dzieła często mają wartość wielu setek tysięcy dolarów.

— A nawet i więcej. Niektóre książki występujące jako pojedyncze egzemplarze po prostu nie mają ceny. Ich właściciele za nic nie chcą się z nimi rozstać.

— A więc, pana zdaniem, nie wystarczyłoby całe złoto świata, żeby odkupić od jakiegoś kolekcjonera dzieła, do których jest szczególnie przywiązany?

— Jestem o tym przekonany, Marcusie.

— A czy zgodziłby się na zamianę?

— Tak, jeśli rzecz proponowana w zamian ma wartość wyższą lub równą temu, co on sam posiada.

— Wobec tego ten, kto ma klucz do kodu, który Roger Bacon przekazał Janowi z Paryża, byłby w stanie wymienić go na dzieło dużej wartości?

— Z pewnością, wszyscy bibliofile marzą o tym, by zdobyć ten manuskrypt. Zaczynam pojmować, do czego zmierzasz. Ofiary, poza tym, iż były zaawansowane w badaniach nad *ms 408*, miały w swoich zbiorach książki najcenniejsze w świecie. Może i Edyp również jest...

— Kolekcjonerem starych książek. Proponuje wymianę pergaminu, który Jan z Paryża otrzymał od Rogera Bacona, na jakiś cenny eksponat. Wysyła swojego człowieka, który ma przeprowadzić tę transakcję i dać ofiarom do czytania tłumaczenie *ms 408*. A kiedy już popadają oni w szaleństwo, wysłannik czym prędzej znika, nie zapominając o zabraniu książki, po którą przyjechał.

— W ten sposób podejrzanymi mogą być wszyscy znani bibliofile na świecie.

— Począwszy od tych, którzy wypowiadają się na forum... tak jak pan.

— Niestety nie mam w bibliotece żadnego wyjątkowego dzieła. Skoro już mowa o cennych zbiorach, to jesteśmy niedaleko Staten Island i zaraz poznamy skład pyłu znalezionego między książkami Howarda A. Duranta.

Prom dobił do Saint George Terminal. Z głośnika rozległ się komunikat zachęcający pasażerów do opuszczenia statku. Thomas Harvey i Marcus Calleron wraz z tłumem ludzi zeszli na nabrzeże, minęli dworzec morski, wsiedli do taksówki i kazali się wieźć do miasta. Po niecałych dziesięciu minutach taksówka zatrzymała się przed jednopiętrowym drewnianym domem otoczonym kilkusetletnimi dębami. Marcus otworzył drzwi, zdjął marynarkę i wskazał gościowi fotel. Thomas stwierdził, że mieszkanie jest ponure i zimne, ściany nagie, pozbawione ozdób, które by zdradzały osobowość właściciela.

— Chyba nie spędzasz zbyt wiele czasu w domu — powiedział.

Marcus bez słowa skierował się do telefaksu.

— Są już wyniki, laboratorium wykryło złoty pył zmieszany z bardzo starymi drobinami galasów, gumy arabskiej, białego wina i kwasu siarkowego.

— Te cztery składniki były używane w początkach druku do produkcji czarnego atramentu. Nie ma więc w tym nic dziwnego.

— A skąd się wziął złoty pył?

— Nie wiem, chyba że... — Thomas urwał i po kilku sekundach namysłu powiedział: — Ale najpierw opowiem ci pokrótce historię Erhardta Ratdolta.

— Kto to taki?

— Działał w Wenecji od tysiąc czterysta siedemdziesiątego piątego do osiemdziesiątego piątego roku, był najbardziej pomysłowym z drukarzy. Jako pierwszy zastosował ozdobne inicjały na początku każdego akapitu. Ale dla nas najbardziej interesujące jest to, że pierwszy na świecie opublikował w tysiąc czterysta osiemdziesiątym drugim roku *Elementy* Euklidesa, traktat o geometrii z rysunkami. Według niektórych źródeł wydał tylko jeden jedyny egzemplarz tego dzieła, ze złotymi literami, stosując do tego celu specjalny atrament. Od tamtej pory najwięksi kolekcjonerzy nie szczędzą starań, by go zdobyć.

— Czy przypuszcza pan, że drobiny złota wykryte w składzie atramentu mogłyby pochodzić z tej książki?

— Z tego, co wiem, żaden inny pionier drukarstwa poza Erhardtem Ratdoltem nie wyprodukował nigdy takiego atramentu. Ponadto na półce biblioteki Howarda A. Durranta stały tylko dzieła opublikowane w Wenecji przed tysiąc pięćsetnym rokiem. Wnioskuję z tego, że znajdowały się tam również *Elementy* Euklidesa. To był najcenniejszy okaz w jego kolekcji.

— Musimy więc dowiedzieć się, kto dziś posiada tę książkę wydrukowaną przez Ratdolta.

— A jeśli ci powiem, że znajduje się ona we Florencji na półce biblioteki Bartolomea della Rocca...

— Jest pan tego pewien?

— Miałem ją nawet w ręce. I zanim jej nowy właściciel zabronił ją otwierać, zdążyłem dostrzec złocone litery na pierwszej stronie.

— Czyżby Bartolomeo della Rocca i Edyp byli tą samą osobą?

— Na razie nie mamy lepszego podejrzanego...

— W tej sytuacji — powiedział Marcus — nie mam ani chwili do stracenia. Lecę pierwszym samolotem do Europy.

137

Calleron czuł, że zbliża się rozwiązanie prowadzonego przez niego śledztwa. Ogarnął go jakiś niejasny niepokój, nad którym nie potrafił zapanować, lecz jednocześnie nie był w stanie przeciwstawić się tej dziwnej sile, pochodzącej z najdalszych głębi jego jestestwa, mimo wszystko popychającej go do działania. Co mogę odkryć tak ważnego we Florencji — zapytywał sam siebie — że moje serce bije jak oszalałe? Jaki jest cel, do którego zdążam wbrew samemu sobie: czy chcę rozwikłać tę sprawę, czy też zdobyć klucz dany Janowi z Paryża i poznać wreszcie całą prawdę? Marcus usiłował ukryć targające nim emocje. Poszedł po schodach na górę. Po chwili wrócił z torbą podróżną i skierował swe kroki do wyjściowych drzwi.

— A co z akredytacjami potrzebnymi ci do prowadzenia śledztwa za granicą? — zdziwił się Thomas. — Niedawno mówiłeś, że może to trwać tygodniami.

— Poradzę sobie jakoś bez tego. Jeśli będzie wolne miejsce w samolocie, polecę jeszcze dziś wieczór.

19

Było już dobrze po dwudziestej drugiej, gdy Thomas zamykał za sobą drzwi swojego mieszkania. Nie zdejmując ubrania, położył się od razu na łóżku. Natychmiast zasnął i śniło mu się, że się wspina z trudem po stromym zboczu górskim, zalanym czerwonym blaskiem zachodu. Ciężko dyszał. Pot zrosił mu czoło. Stopy ślizgały się na skale. Upadał wiele razy, ale w końcu udało mu się przejść przez wysoko położoną przełęcz. Z drugiej strony otwierały się przed nim liczne drogi. Kierunek wskazywały napisy wyryte na kamieniu. Ale ich alfabet i język były mu nieznane. Poszedł więc, zdając się na los, jedną ze ścieżek, aż ujrzał dwoje młodych ludzi zmierzających wolno ku słońcu. Chciał do nich zawołać, ale żaden dźwięk nie wyszedł z jego ust. Zamachał rękami, by ich powstrzymać, było już jednak za późno. Znaleźli się za blisko promieni słonecznych i spłonęli w ich żarze. Zapadła noc, księżyc w pełni oświetlał góry, gdy Thomas doszedł do dwóch ciał leżących na ziemi. Choć mieli spalone twarze, rozpoznał rysy swoich dwojga dawnych studentów — byli to Clara Braxton i Marcus Calleron.

Kiedy otworzył oczy, było już pół godziny po północy. Poszedł do łazienki, długo stał pod strumieniem wody obmywającej jego ciało, przebrał się i zasiadł przy biurku. Nie mogąc jednak skoncentrować się nad otwartą książką, zamknął ją z trzaskiem.

— Nadal coś mi się wymyka — powiedział na głos, obejmując głowę rękami.

Wstał, chwycił płaszcz, wyszedł na ulicę i zatrzymał pierwszą przejeżdżającą taksówkę. Niedługo potem wysiadał przed klubem jazzowym na Thompson Street.

W sali było czarno od ludzi, Thomas zajął miejsce przy samym barze. Na scenie jakiś kwartet grał standardy Count Basie. Nie czekając na zamówienie, barman, wysoki blondyn z obcym akcentem, postawił przed Thomasem kieliszek burbona i głosem tak silnym, że był w stanie przekrzyczeć muzykę, zapytał:

— Wszystko w porządku, panie Harvey?

— Nie, Werner, nie bardzo.

— Znowu nie może pan wprowadzić ładu w świecie idei?

— Nie, tym razem co innego mnie trapi.

— Wobec tego zostawiam pana samego, aby mógł pan słuchać muzyki. Może w niej znajdzie pan rozwiązanie swoich problemów.

Pianista zaczął właśnie grać pierwsze akordy *Flight of the two birds*. Dołączyli do niego perkusista i kontrabasista. Po kilku taktach muzycy spojrzeli po sobie i jednocześnie umilkli, a wówczas rozległo się solo saksofonisty. Thomas, pogrążony wciąż w swoich myślach, wystukiwał rytm nogą, podczas gdy gość siedzący po jego prawej stronie bębnił palcami na kontuarze. Po improwizacji perkusisty muzycy zagrali znowu razem w crescendo. Thomas popijał burbona i przyglądał się saksofoniście. Czarny pas instrumentu kontrastował z bielą jego koszuli. Harvey pomyślał o pistolecie, który Marcus nosił na szelkach, i nagle przypomniał sobie, że ostatnim razem nie widział u niego broni. Dlaczego Marcus zabrał go do swego domu na Staten Island, skoro powinien był wrócić do biura FBI? Przy ostatnim akordzie Thomas wychylił zawartość kieliszka jednym haustem. Kiedy oklaskiwani gorąco członkowie kwartetu zagrali pierwsze takty *Jive at five*, położył kilka banknotów na ladzie i powiedział głośno sam do siebie:

— Bez pomocy mistrza Koła Prometeusza nie znajdę rozwiązania. Ale jak się z nim teraz skontaktować?

Gdy się tak zastanawiał, w lustrze naprzeciw kontuaru zobaczył odbicie mężczyzny siedzącego samotnie przy stoliku. Nie wyglądał na takiego, co przyszedł słuchać jazzu... Są dwie możliwości, pomyślał Thomas, wstając i kierując się do wyjścia, albo ten człowiek nie potrafi docenić tego, jak gra kwartet, albo został wysłany przez Koło Prometeusza, aby mnie śledzić. Zaraz się o tym przekonamy.

Thomas stał przez chwilę przed wejściem, wciągnął głęboko świeże powietrze i ruszył Thompson Street. Po kilku krokach zwolnił i gwałtownie się odwrócił. Mężczyzna, którego zauważył w klubie, znajdował się w odległości kilku metrów od niego. Nie był wcale zaskoczony. Thomas bez wahania powiedział:

— Chciałbym porozmawiać z pańskim szefem.

Mężczyzna bez słowa odszedł kilka kroków i wystukał jakiś numer na swoim telefonie. Po chwili wrócił i podał Thomasowi aparat.

— Chciał pan rozmawiać ze mną, panie Harvey? — rozległ się w słuchawce męski głos.

— Powinien pan wiedzieć, że agent specjalny Calleron pojechał w sprawie śledztwa do Europy.

— Tak panu powiedział?

— Nie dalej jak kilka godzin temu. Dlaczego to pana dziwi?

— Zapewne już pan wie, że Koło Prometeusza ma wszędzie swoich agentów. Zarówno na Uniwersytecie Nowojorskim, jak i w biurach FBI, wiemy więc, że Marcus Calleron od dwóch dni nie pracuje już dla Federalnego Biura Śledczego.

— Co się stało?

— Przydzielono mu inną sprawę, ale on nie chciał zrezygnować z prowadzonego śledztwa, i tego samego wieczoru oddał swoją odznakę.

Thomas Harvey milczał dłuższą chwilę. Potem powiedział:

— Powinienem był wcześniej o tym pomyśleć. Marcus był zbyt zdolnym studentem, żeby tak po prostu zrezygnować. Uwierzyłem mu, gdy mnie przekonywał, że nie zależy mu już na poszukiwaniu wiedzy. Okazałem się jednak naiwny. To jasne, że mnie okłamywał... Skoro poleciał do Florencji, to znaczy, że ma nadzieję odnaleźć tam klucz do *ms 408*. Postanowił przeczytać manuskrypt.

— O czym pan mówi? Czyżby kod znajdował się we Florencji?

— Niewykluczone, że ma go Bartolomeo della Rocca.

— Podejrzewaliśmy go od dawna, ale nie mieliśmy żadnych dowodów.

— Teraz liczy się tylko to, żeby ocalić Marcusa. Nie jest jeszcze za późno. Muszę natychmiast jechać na lotnisko.

— Pomogę panu. Jeśli to, co pan mówi, jest prawdą, ja także powinienem pojechać. Jak już panu mówiłem, mamy wszędzie swoich ludzi i zdobycie dwóch biletów do Florencji nie stanowi żadnego problemu. Niech pan jedzie bezpośrednio na lotnisko. Odnajdę tam pana i porozmawiamy o wszystkim w samolocie.

20

Boeing osiągnął planowany pułap lotu. Pasażerowie w dwudziestym ósmym rzędzie na miejscach B i C pogrążeni byli w rozmowie.

— Nie zna mnie nikt poza członkami Koła Prometeusza. Robię dziś wyjątek, ponieważ sądzę, że ma pan rację. Być może klucz do kodu wróci do nas po dwustu latach. Za pięć godzin będziemy we Florencji. Marcus ma niewielką przewagę nad nami. Oto nazwa i adres hotelu, który zarezerwował sobie jeszcze przed odlotem. Jeśli uda mu się zdobyć tłumaczenie *ms 408* u Bartolomea della Rocca, to z pewnością pojedzie z nim do hotelu.

— Pamięta pan o każdym szczególe — rzekł Thomas, biorąc kartkę, którą podał mu sąsiad. — Ma pan ludzi wszędzie. Jak ich rekrutujecie?

— Szukamy nieraz całe lata. Nawiązujemy kontakt z wieloma osobami, które odpowiadają naszym wymaganiom.

— Czy braliście i mnie pod uwagę?

— Tak, ale zrezygnowaliśmy z pana.

— Dlaczego?

— Bo za wszelką cenę pragnie pan rozszyfrować kod, co nie jest zgodne z naszymi zasadami. Nie wiemy, jak by się pan zachował, gdyby klucz do kodu trafił kiedyś w pana ręce. Wybieramy tylko takich ludzi, którzy są dogłębnie, niewzruszenie przekonani, że ludzkość nie powinna poznać tajemnic *ms 408*.

— Dobrze mnie znacie...

— Znamy wszystkich, którzy dyskutują na forum i których badania mogą doprowadzić do rozwiązania tej zagadki.

— Jednak nowe odkrycia są dokonywane z dnia na dzień, wymaga to więc nieustannego czuwania...

— Oczywiście i dlatego mamy zapewnione poparcie wielu polityków na najwyższym szczeblu w różnych państwach. Są oni naszymi sprzymierzeńcami, ponieważ dawno już zrozumieli, że zdobywana latami władza nie zda im się na nic, jeśli ludzie, którymi rządzą, stracą rozum z powodu tej jednej książki.

— W takim razie jak pan wyjaśni to, że Edyp tak długo się wam wymyka?

— Słabość Koła Prometeusza bierze się właśnie z jego wielkiego zasięgu. W tej sytuacji nie da się przewidzieć, co zrobi jeden człowiek, który potrafi szybko działać, natychmiast reagując na zagrożenie. My potrzebujemy na to więcej czasu. Zresztą nadal brakuje nam wielu informacji.

— To prawda, jest coś, o czym jeszcze nie wiecie.

— A mianowicie?

— W kartotece waszego komputera brakuje jednego nazwiska. Na umieszczonej tam liście nie wymieniono Clary Braxton.

— Braxton?

— To stara historia. Zdarzyła się piętnaście lat temu. Miałem wtedy dwoje studentów: Clarę i Marcusa. Oboje byli wyjątkowo zdolni, błyskotliwi. Spędzali cały czas razem i myśleli tylko o jednym: jak przeniknąć otaczające nas tajemnice. Najchętniej dyskutowali o irracjonalności, determinizmie, fatalizmie, przeznaczeniu i wolności. Wieczorami, po wykładach, przychodzili do mnie. Clara była osobą delikatnej konstrukcji psychicznej. Jako sierota od pierwszego roku życia, spędziła dzieciństwo w domu dziecka. Wykazywała wyjątkowe zdolności intelektualne, którym jednakże towarzyszyły poważne problemy psychologiczne. Któregoś październikowego poranka wpadła z bronią w ręku do biblioteki uniwersyteckiej i sterroryzowała znajdujących się tam studentów, biorąc ich jako zakładników. Po czym zrzuciła z półek na podłogę wszystkie książki, krzycząc, że zawierają one fałszywą wiedzę. Nagle zaczęła na ślepo strzelać. Marcus, któremu udało się wejść do sali, nie mógł nic zrobić, żeby ją powstrzymać. Potem nagle odrzuciła broń i wyskoczyła przez okno z czwartego piętra. Zanim przybyła policja, było już po wszystkim. Uznano, że zwariowała. Nie wszczęto żadnego dochodzenia. Jej wcześniejsze załamania psychiczne potwierdzały tezę o niepoczytalności i nikt nie próbował dociec, co ją pchnęło do tego czynu.

— Czy Clara Baxton wiedziała o istnieniu *ms 408*?

— Tydzień wcześniej zaprosiłem Marcusa i Clarę, żeby im opowiedzieć o tym manuskrypcie. Marcus jednak miał jakieś zajęcia na uniwersytecie i nie przyszedł. Dałem wówczas Clarze kopię manuskryptu i powiedziałem o własnych próbach jego rozszyfrowania. Nie przypuszczałem, że widzę ją ostatni raz. Zamknęła się u siebie na cały tydzień i wyszła tylko po to, żeby popełnić samobójstwo. Utrata Clary była dla Marcusa strasznym wstrząsem. Nazajutrz po jej śmierci zrezygnował ze studiów. Myślę, że tak naprawdę nie doszedł do siebie po tej tragedii.

— A więc sądzi pan, że Clara Braxton, opierając się na pańskich badaniach rozszyfrowała manuskrypt *ms 408*?

— Jestem o tym przekonany. Znałem ją dobrze i nic innego nie może tłumaczyć jej czynu.

— Czy pańskim zdaniem Marcus doszedł teraz do tego samego wniosku?

— Dziś jestem pewien, że domyślił się całej prawdy już wtedy, piętnaście lat temu. I dlatego nie chciał dalej pogłębiać swej wiedzy. Kiedy jednak przypadek sprawił, że musiał zająć się śledztwem w tej sprawie, pojął, że nie ma sensu walczyć z przeznaczeniem, które wbrew jego woli doprowadziło go do manuskryptu.

— Gdy dolecimy, proszę udać się od razu do jego hotelu, może nie będzie jeszcze za późno. Ja zaś pojadę prosto do Bartolomea della Rocca, żeby wydostać od niego pergamin z kluczem do kodu.

Thomas przymknął oczy i natychmiast zasnął. W tym samym momencie głos stewardesy poinformował pasażerów o silnych turbulencjach spowodowanych burzą, która szalała nad środkowymi Włochami.

21

Marcus położył książkę na stole hotelowego pokoju. Nie spuszczając z niej oczu, cofnął się kilka kroków i stał bez ruchu przez długi czas. Zakrył twarz dłońmi, zrobił krok do przodu. Nagle, jakby powstrzymała go jakaś niewidzialna siła, zatrzymał się i odwrócił do okna. Na zewnątrz plac Santissima Annunziata tonął w strugach ulewnego deszczu.

Patrzył, wcale ich nie widząc, na fontanny, z których wylewał się na ziemię nadmiar wody. Nieco dalej, za ociekającym deszczem konnym posągiem Ferdynanda Medyceusza, dostrzegł ludzi chroniących się pod portykami szpitala. Wytarł zaparowaną szybę i obserwował przechodniów, którzy spoglądali w niebo, aby przekonać się, jak długo jeszcze potrwa burza. Przyłapał się na myśli, że wolałby być podobny do tych kobiet i mężczyzn, którzy po prostu czekali, aż ustanie deszcz, żeby mogli wrócić do przerwanego toku swojego życia. Marcus spojrzał ponownie na książkę leżącą na stole i zrozumiał, że stoi przed wyborem, którego musi dokonać samodzielnie. Deszcz bębnił wciąż z tą samą siłą o szyby, a on miał wrażenie, jakby woda oblewała całe jego ciało.

Schroniwszy się w taksówce, którą złapał na lotnisku, Thomas Harvey spoglądał na strumienie wody zalewające Florencję. Przy takim deszczu będziemy jechać do centrum dłużej, pomyślał zaniepokojony. Widoczność była coraz mniejsza, samochody posuwały się wolno. A mimo to, gdy jakiś wóz przeciął im drogę, jezdnia okazała się za śliska i doszło do kolizji. Kierowca, przeklinając, zamierzał wysiąść, by sprawdzić, co zostało uszkodzone, ale Thomas zatrzymał go, zapłacił należność za kurs i pobiegł, chowając pod płaszczem plan miasta z zaznaczonym miejscem położenia hotelu. Już po chwili dostał zadyszki. Twarz miał mokrą od potu i deszczu. Zobaczył jakąś taksówkę, pomachał ręką, ale nie zatrzymała się. Przed następną taksówką ledwie zdążył uskoczyć na bok, żeby nie zostać potrąconym. Ubranie miał przesiąknięte wodą. Stanął na moment, by zaczerpnąć tchu. Podniósł wzrok i zobaczył tablicę z napisem: „Via dei Cerretani". Zajrzał do planu i pobiegł w kierunku katedry Santa Maria del Fiore.

Marcus przypomniał sobie ten pierwszy raz, kiedy zaczął się zastanawiać nad zagadką egzystencji. Pomyślał, że powinien był przestać w ogóle tego dociekać. Gdyby tak postąpił, nie znalazłby się dziś tu, twarzą w twarz z tą

150

książką. Przeżyłby swoje życie i umarł, nie poznawszy nigdy przyczyny rzeczy. Mógł przecież odrzucić wszystkie te pytania, nie zastanawiać się, czy światem rządzi przypadek, czy może istnieje jakaś sprawcza siła. Mógł przejść obok tych tajemnic, nie próbując ich poznać, nie myśląc o tym, że znalazł się we wszechświecie bez konkretnego celu. Ale zrobił inaczej. Teraz było już za późno.

Thomas szedł szybkim krokiem przez Piazza del Duomo. Potrącił jakiegoś młodego mężczyznę, przytrzymał go za rękaw i przekrzykując huk grzmotu, zapytał:
— Piazza della Santissima Annunziata?
Po czym natychmiast pobiegł we wskazanym kierunku.

Marcus czuł, jak upływa czas, jak jego życie rozsypuje się w proch. Pomyślał po raz ostatni o drobiazgach, które składały się na jego egzystencję. Ławki w szkole w południowym Harlemie, zapachy wypełniające dom, gdy co roku na początku wakacji wracał do miasteczka na północy stanu Nowy Jork, a także pytania, które zadawał matce, gdy zapadała noc i spoglądał w gwiazdy. Po chwili oderwał się od smutnych wspomnień z przeszłości i wrócił do teraźniejszości. Podszedł do stołu. Położył rękę na książce.

Thomas chwycił drzwiczki taksówki, która się przy nim zatrzymała.

— Hotel Loggiato dei Serviti — krzyknął, zanim jeszcze wskoczył na tylne siedzenie.

Gdy taksówka ruszyła, bezskutecznie starał się złapać oddech. Serce waliło mu w piersi niemiłosiernie. Przez okno widział przesuwające się domy i pałace miasta, ale nie zwracał na nie uwagi. Deszcz padający ze zdwojoną siłą paraliżował ruch uliczny. Taksówka stała przez kilka minut, które Thomasowi wydawały się wiecznością.

Zbliżał się wieczór. Do pokoju zakradał się półmrok. Wiedzieć, muszę wreszcie wiedzieć, powtarzał sobie w duchu Marcus, dotykając pierwszej strony. Nie dam się. Będę wystarczająco silny. Zaraz poznam prawdę i przeżyję. Jeszcze było dosyć światła, żeby czytać. Oczy Marcusa spoczęły na pierwszych słowach. Ledwie dostrzegalny uśmiech pojawił się na jego wargach. A potem nie istniało już nic poza tym, co właśnie odkrywał. Nie było ulewy ani grzmotów, ani ludzi czekających na koniec burzy pod portykami liczącymi sobie wiele setek lat, ani fontann, ani posągów z brązu, ani lodowatej pustki hotelowego pokoju. Istniały już tylko litery, zdania, wolno wyłaniający się ich sens. Ciszę zakłócał jedynie jego oddech i szelest papieru.

Po przejechaniu kilkuset metrów taksówka musiała znowu zwolnić, aż w końcu utknęła w strumieniu samochodów. Thomas, u kresu cierpliwości, wsunął kilka banknotów w rękę kierowcy, który nawet ich nie przeliczył, i wysiadł pośpiesznie z wozu. Niedługo potem dotarł wreszcie na Piazza della Santissima Annunziata. Rozejrzał się dokoła, zobaczył ludzi, którzy schronili się za kolumnami. Po chwili wszedł do holu hotelu Loggiato dei Serviti.

— Marcus Calleron — powiedział do recepcjonisty, usiłując zapanować nad oddechem.

— W czym mogę panu pomóc?

— Czy w hotelu jest ktoś o takim nazwisku?

— Tak, poszedł do swego pokoju ponad godzinę temu.

— Który to pokój?

— Numer osiem.

Marcus nie przerywał czytania. Nie słyszał pukania do drzwi. Mam nareszcie odpowiedź na wszelkie moje wątpliwości — pomyślał, uśmiechając się. W tym momencie wszystko, co przeżył do tej pory, wydało mu się tak odległe, że wręcz nierealne. Wiedza, przyszłość, rzeczywistość, szczęście są tylko słowami, które tracą znaczenie, jakie im dotąd przypisywał. Marcus zatopił się głęboko w sobie. Nie słyszał wołania, by otworzył drzwi. Zresztą, czy to było jego imię, które ktoś nieustannie powtarzał na korytarzu? Czy on jeszcze ma imię, jakąś osobowość, czy należy w dalszym ciągu do tego świata?

— Tak, proszę pana, pan Calleron z całą pewnością jest u siebie w pokoju. Proszę popatrzeć, na tablicy nie ma klucza.

— Jednak nie otwiera. Niech pan weźmie klucz zapasowy, musimy tam wejść. Mam powody obawiać się, że jest on w wielkim niebezpieczeństwie.

Recepcjonista wsunął klucz do zamka pokoju numer osiem. Pchnął lekko drzwi i ponownie zapytał:

— Proszę pana... czy naprawdę wolno nam tam wejść?

Nie uzyskawszy odpowiedzi, zdecydował się przestąpić próg, mając za sobą Thomasa Harveya. Natychmiast dostrzegł mężczyznę, który siedział przy stole.

— No widzi pan — powiedział recepcjonista — jest żywy. Niepotrzebnie się pan niepokoił.

Marcus nie ruszał się. Jego oczy, podobnie jak całe ciało, były całkowicie nieruchome.

— Proszę pana... proszę pana... czy dobrze się pan czuje? — zawołał recepcjonista, podchodząc do stołu.

— Przyszliśmy za późno — odrzekł Thomas. — Wszystko stracone.

— Ale jak to? Proszę spojrzeć, on oddycha... nie umarł...

— Ale i nie żyje — przerwał mu Thomas i przed opuszczeniem pokoju zabrał książkę leżącą na stole.

22

Thomas Harvey wychodził ze swego gabinetu, żeby udać się do studia stacji telewizyjnej NWA Channel, kiedy zobaczył przed sobą mistrza Koła Prometeusza.

— Panie Harvey, cieszę się, że pana widzę. Odtworzyliśmy pański rozkład zajęć od przybycia do Florencji aż do tej chwili, jednak...

— Proszę mi wybaczyć, ale nie mam teraz czasu, czekają na mnie...

— Jest pewna luka w czasie, której nie możemy wypełnić. Wiemy, że udał się pan bezpośrednio do hotelu Loggiato dei Serviti, skąd zabrał pan książkę, którą przeczytał Marcus, oraz pergamin z kluczem do kodu, a potem na dwadzieścia minut straciliśmy pański ślad.

— Myli się pan. Tego pergaminu nie było w pokoju.

— A więc znalazł pan tłumaczenie *ms 408?*

— Rzeczywiście miałem je w rękach.

— I co pan z nim zrobił?

— Nie wydaje mi się, żebym musiał panu odpowiadać.

— Czy ukrył je pan we Florencji?

— To moja sprawa.

— Wiemy na pewno, że nie było go w pańskiej walizce ani przy panu, gdy wrócił pan do Nowego Jorku. Nie ma go także w pańskim mieszkaniu. Czy pan je zniszczył?

— Bez wątpienia...

— Dobrze pan wie, że w końcu dowiemy się prawdy. Będzie pan nieustannie śledzony. Każdy pański ruch będzie nam znany, więc dlaczego pan stawia opór?

— Sam mi pan powiedział, że z jednym człowiekiem trudno walczyć, jest bowiem szybki, nieprzewidywalny, nieuchwytny. Zrobiłem, co powinienem był zrobić, i nic pan na to nie może poradzić.

— Rozumiemy pańskie pragnienie przeczytania tej książki. Ale wie pan, że nie zrezygnujemy z naszej misji. Jesteśmy tak blisko celu, musimy ukryć to dzieło, by ochronić ludzkość.

— Przekonamy się, co jest nam przeznaczone — odrzekł Thomas, oddalając się szybkim krokiem.

W tym samym czasie Chris Belton, producent audycji „Filary mądrości", po raz kolejny zapytał realizatora:

— W dalszym ciągu nic nie wiadomo?

— Nic. Za niecałe dziesięć minut wchodzimy na wizję, a Thomasa Harveya ciągle nie ma. Poza tym dostaliśmy dziś wieczorem jakąś przesyłkę na jego nazwisko.

— Co pan proponuje?

— Możemy nadać któreś z poprzednich nagrań, ale

wtedy nie byłby to program na żywo i ryzykowalibyśmy, że spadnie oglądalność.

Chris Belton uderzył gwałtownie ręką w blat stolika kabiny realizatora, a potem rzucił spojrzenie na plan, gdzie wszystko było gotowe już od wielu godzin, podniósł wzrok na świetlne cyfry zegara, odmierzającego czas do tyłu, i w końcu powiedział:

— Jeśli nie pojawi się za minutę, włączamy magnetowid.

W tym momencie dało się słyszeć poruszenie przed drzwiami do studia.

— Jest! — zawołał asystent producenta.

Wszyscy obecni na planie zobaczyli wchodzącego profesora. Twarz miał zmęczoną, krok mniej sprężysty, wyglądał tak, jakby nie spał od wielu dni. Bez słowa wymówki realizator spojrzał na cyfrowy zegar i powiedział:

— Jest za późno na makijaż, jeśli wszyscy są gotowi, zaczynamy za trzydzieści sekund. — Po czym, zwracając się do Thomasa, któremu technik zdążył przymocować mikrofon i założyć słuchawki, zapytał: — Jest pan gotów?

— Jeszcze nie, muszę mieć przesyłkę, która z pewnością została tu dostarczona.

— Proszę, oto ona.

A kiedy Thomas skierował się na plan, otwierając paczkę, realizator zawołał za nim:

— Pan wie, co w niej jest?

— Jasne, sam ją wysłałem do siebie z Florencji.

— Uwaga, zaczynamy za piętnaście sekund...

— Jeszcze chwila, podajcie na ekranie numer telefonu

do studia. Dzisiejszego wieczoru głos będą mieli telewidzowie.

Realizator kazał włączyć muzykę zaczynającą audycję. W tej samej chwili jedna z kamer skierowała się na profesora, który stał na środku planu. Kiedy zaległa cisza, zrobił kilka kroków w kierunku gości i zapytał ich:

— Czy pamiętacie państwo, o czym mówiliśmy podczas ostatniego programu?

— Tak — odpowiedział siedzący naprzeciw niego młody pisarz — przedstawił pan telewidzom hipotezę, która zakładała istnienie dzieła odsłaniającego całą wiedzę.

— Rzeczywiście, ale dziś przekonacie się, że nie jest to hipoteza. Mam tu dokument absolutnie wyjątkowy, książkę wydrukowaną w jednym tylko egzemplarzu w tysiąc siedemset dziewięćdziesiątym pierwszym roku przez człowieka, który przybrał imię Edypa. Dzieło to odpowie na wszystkie pytania, jakie my stawialiśmy w studiu, a telewidzowie w swoich domach przed telewizorami.

— Nie, nie ma pan prawa tego robić!

Człowiek, który wykrzyknął te słowa, pojawił się nie wiadomo skąd i siłą torował sobie drogę wśród techników, zmierzając w kierunku Thomasa Harveya.

Harvey, pewien, że musi to być członek Koła Prometeusza, przycisnął książkę do piersi i zawołał:

— Nie pozwólcie mu zbliżyć się do mnie!

Realizator siedzący w swojej kabinie rzucił pytające spojrzenie na producenta, który na ekranie kontrolnym widział, jak kilkanaście osób usiłowało zatrzymać nieznajomego. Szybko został on siłą wyprowadzony poza studio przez ludzi z ochrony NWA Channel.

— Bez względu na to, co się wydarzy, kontynuujemy — polecił Chris Belton.

Gdy porządek został przywrócony, Thomas powiedział:

— Stawiam dziś państwu następujące pytanie: czy mam tutaj przeczytać tę książkę, czy też ją spalić? — Po czym, odwracając się twarzą do kamery, dodał: — Zanim skończy się ta audycja, musicie dokonać wyboru między tymi dwiema propozycjami. Dlatego proszę dzwonić pod numer telefonu, który widnieje na dole ekranu.

Chwilę potem realizator przełączył na plan pierwszy telefon.

— Dzień dobry, Scott Simmons z Baltimore. Nie po to oglądam audycję „Filary mądrości", żeby bez końca zadawać te same pytania. Nadszedł czas, żebyśmy wreszcie poznali odpowiedzi, na które wszyscy czekamy. Niech pan przeczyta tę książkę.

— Ryzykując, że tego nie przeżyjemy... Doskonale, dziękuję panu, pański głos zostanie wzięty pod uwagę. Posłuchajmy, co mówi kolejna osoba.

— Tu Barbara Bridgeman z Filadelfii. Cena, jakiej wymaga poznanie absolutnej prawdy, jest za wysoka, niech pan bezzwłocznie spali to dzieło.

— Problem, który mamy do rozwiązania — rzekł Thomas ze wzrokiem utkwionym w kamerę — polega na tym, czy lepiej poznać prawdę i stracić rozum, czy żyć szczęśliwie w nieświadomości, jeśli nawet szczęście to jest iluzoryczne? Człowiek od wieków nie potrafi dokonać wyboru. Czy ma stawić czoło bogom, czy być im posłuszny, rozwijać się czy pozostać na swoim miejscu, buntować się czy stanąć na uboczu, zerwać swoje łańcuchy czy tworzyć wciąż coś nowego? Słynne mity odsyłają nas zawsze do tych fundamentalnych pytań. Przypomnijcie sobie historię Otosa i Efialtesa, dwóch olbrzymów, o których opowiada Homer, a którzy przypłacili życiem to, że byli tak zuchwali, iż zapragnęli wedrzeć się do siedziby bogów w niebie, spiętrzając w tym celu góry. Podobny los spotkał Ikara. Był nieposłuszny i za bardzo zbliżył się do słońca, które go zabiło. Zastanówmy się jednak, kiedy człowiek jest naprawdę sobą. Czy wtedy, gdy z narażeniem życia dobija się do drzwi bogów, czy wówczas, gdy zadowala się tym, iż idzie wciąż tą samą drogą życia, jaką mu wyznaczono od narodzin, i nigdy się nie buntuje? Czy uważacie, że istoty ludzkie są do tego stopnia pozbawione wyobraźni i odwagi, żeby dostrzegać tylko to, co możliwe i racjonalne? Muszę jednak przerwać, bo mamy następnego rozmówcę.

— Dzień dobry, tu Jessica Kirrigan z Waszyngtonu. Do tej pory nie zdradził nam pan na antenie własnego poglądu na ten temat. Gdyby musiał pan dokonać takiego wyboru, jaka byłaby pańska decyzja?

— Uważam, że jeśli człowiek pragnie różnić się od zwierząt, powinien zmierzyć się z tym, co niemożliwe. Bo tylko wtedy jesteśmy naprawdę sobą, gdy wykraczamy poza granice, które zostały nam wytyczone. Jednak moja opinia nie jest tu ważna. Teraz zwracam się do tych wszystkich, którzy od wielu lat oglądają audycję „Filary mądrości", i do telewidzów, którzy po raz pierwszy połączyli się z nami. To wy wszyscy musicie podjąć decyzję. Jakakolwiek ona będzie, zaakceptuję ją.

Niecałe pół godziny potem na planie pojawił się osobiście producent programu. Przedstawił się telewidzom i podał Thomasowi kartkę. Profesor przeczytał wiadomość, schował kartkę do kieszeni i rzekł:

— Mam oto wyniki głosowania. Wyraziliście państwo swoją opinię, a ja, tak jak obiecałem, podporządkuję się państwa decyzji. Rezygnując z poznania rewelacji zawartych w tej księdze, wybraliście państwo kontynuowanie życia.

Thomas Harvey wyjął z kieszeni zapalniczkę i przytknął płomień do książki. Patrzył w milczeniu, jak do jego stóp sypie się popiół. Potem odwrócił się do kamery i powiedział:

— Spotykamy się w przyszłym tygodniu. Proszę, by zastanowili się państwo nad następującą kwestią, o której będziemy razem dyskutować: czy można uciec przed swoim przeznaczeniem?

W tym czasie realizator dał znać, aby ruchoma kamera zrobiła zbliżenie płomienia zapalniczki i książki, której strony dopalały się z wolna, podczas gdy na ekranie przesuwały się napisy końcowe.

Chwilę potem, gdy Harvey zszedł z planu, Chris Belton zwrócił się do niego z szerokim uśmiechem:

— Brawo, panie profesorze, to ogromny sukces! Mieliśmy rekordową widownię. Dzisiejszego wieczoru oglądało pana ponad pięć milionów ludzi. Ale czy mogę zadać panu jedno pytanie?

— Słucham.

— Skąd ten pomysł z książką? To był strzał w dziesiątkę!

— Gdybym powiedział prawdę, pewnie by mi pan nie uwierzył... Teraz ja chciałbym o coś zapytać. Czy przyniósł mi pan prawdziwe wyniki głosowania?

— Oczywiście, że nie. Przytłaczająca większość telewidzów chciała, aby pan przeczytał tę książkę na antenie. Jednakże... — Chris Belton zawahał się na moment, a potem, patrząc mu w oczy, rzekł: — Muszę powiedzieć panu prawdę. Zaraz po rozpoczęciu audycji dyrektor stacji telewizyjnej NWA Channel wezwał mnie i zażądał, abym interweniował w razie niepomyślnego rezultatu głosowania. Dał mi wyraźnie do zrozumienia, że życzy sobie, aby spalił pan książkę. Domyśliłem się, że wymusił to na nim ktoś znacznie wyżej postawiony...

— A więc Koło Prometeusza wygrało tę partię — wyrwało się Thomasowi, który zabierał się do wyjścia. — Muszą teraz tylko odnaleźć pergamin z kluczem do szyfru.

— O czym pan mówi?

— Ach, nic takiego, po prostu głośno myślałem. Dobranoc, panu.

23

Niecałą godzinę później Thomas wysiadł z taksówki, która zatrzymała się na Bleecker Street 65 przed drzwiami Bayard Building. Gdy wszedł do holu budynku, strażnik zawołał do niego:

— Panie Harvey!

— Słucham?

— Jest dla pana przesyłka z zagranicy, którą przyniesiono po południu.

Po wejściu do mieszkania Thomas usiadł w fotelu i otworzył kopertę. Wewnątrz znajdował się list i dokument starannie opakowany w miękki karton. Profesor założył okulary i zaczął czytać.

Drogi Profesorze!

Gdy będzie Pan czytał te słowa, ja prawdopodobnie odejdę już z tego świata. Dlatego postanowiłem zapoznać Pana z wynikami mojego dochodzenia. Po przybyciu do Florencji udałem się od razu do Bartolomea della Rocca.

Przedstawiłem mu się fałszywym nazwiskiem, ale on szybko mnie poznał (niech Pan nie zapomina, że mógł nas bez trudu obserwować w Internecie dzięki sieci kamer rozmieszczonych na Times Square). Było już jednak za późno, bo wszedłem do jego mieszkania i zamknąłem za sobą drzwi na klucz. Della Rocca pojął, że nie ma sensu stawianie oporu. Domyślił się też od razu, co oznaczała moja wizyta — że podejrzewałem, iż to on jest Edypem, i szybko znajdę dowody jego winy, jeśli przeszukam mieszkanie. Wobec tego poszedł przodem i zaprowadził mnie do swojej biblioteki. „Wszystko to, czego pan szuka, znajduje się tutaj" — powiedział ze spokojem. Gdy zapytałem o pochodzenie najcenniejszych książek, położył na stole kilkanaście woluminów ogromnej wartości. Wyznał, że zdobył te egzemplarze w 1947 roku w Neapolu w domu profesora Tommasa d'Astrellego. W tym momencie pomyślałem, że za łatwo mi poszło. Pod tymi dobrowolnymi wyznaniami musiało się coś kryć...

Della Rocca odpowiadał otwarcie na wszystkie moje pytania. Chociaż był tylko podejrzanym, sam, bez przymusu, wziął na siebie całą winę. Mając się cały czas na baczności, dowiedziałem się, że część najpiękniejszych książek odziedziczył po prapradziadku, który w 1865 roku przywiózł je z Sankt Petersburga. Gdy sprawdzałem jego komputer, przyznał, że to on wysłał e-maile do Marka Walthama i Howarda A. Durranta, proponując im spotkanie w celu wymiany klucza do kodu Rogera Bacona na książki o dużej wartości, które były w ich posiadaniu. Zawsze zacierał za sobą ślady. Zdawał sobie sprawę, że podobnie jak wielu bibliofilów, którzy brali udział w forum dotyczącym badań nad manuskryptem ms 408, *może znaleźć się na liście podejrzanych. I dlatego wysłał do Durranta e-mail, w którym radził mu wystrzegać się Edypa. Brał pod uwagę, że ten e-mail zostanie kiedyś przeczytany przez policję. Następnie, gdy był Pan u niego we Florencji, opowiedział Panu, że spotkał się z Edypem, ale nic poza jego własnym świadectwem nie mogło potwierdzić tej wersji.*

Bartolomeo della Rocca kończył swoje wyznania, gdy ja zaczynałem domyślać się jego strategii. Zrozumiał, że jest zgubiony, i postanowił zagrać ostatnią kartą — uśpić moją czujność, namówić mnie, bym przeczytał tłumaczenie ms 408. *Miałem rację. Odpowiedziawszy na moje ostatnie pytanie, wziął do ręki jedną z książek, otwierając ją na pierwszej stronie. Książka była wydrukowana tak jak pierwsze biblie wielojęzyczne. Każdą stronę podzielono na dwie kolumny, dzięki czemu czytelnik miał do wyboru cztery różne języki. Della Rocca wyjaśnił mi, że pierwsza kolumna napisana była w języku łacińskim, druga po włosku, w jego ojczystym języku, trzecia po francusku, bo w epoce, kiedy ją wydrukowano, był to język najczęściej używany przez europejskich uczonych, a czwarta kolumna zawierała tekst napisany po angielsku, bo był to język Rogera Bacona. Della Rocca przypuszczał, że przybyłem do niego, bo chciałem przeczytać tę książkę. Czekał tylko na to, żebym zatopił się w lekturze dzieła, o którym myślałem od wielu lat.*

Kiedy po raz pierwszy dotknąłem tych stron, przypomniałem sobie, że Clara już je wcześniej odczytała. Nie mogłem przestać o niej myśleć. Della Rocca obserwował mnie w milczeniu. Wiedział, że jeśli moje oczy spoczną na pierwszych linijkach, będę zgubiony, a on ocalony. Zresztą nic mnie nie trzymało przy życiu. Mógłbym umrzeć w jednej sekundzie. Kiedy tak wahałem się, czy zacząć czytać, ujrzałem w pamięci twarz Marka Walthama. Wiedziałem, że człowiek za wszystko odpowiedzialny stoi właśnie przede mną. Zamknąłem książkę.

Ponieważ nie pracowałem już dla FBI i nie miałem upoważnienia, żeby go aresztować, przykułem go kajdankami do drzwi biblioteki i przed wyjściem zadzwoniłem na włoską policję, zostawiając na stole całą dokumentację mojego dochodzenia. Oczywiście, opuszczając mieszkanie, zabrałem tłumaczenie ms 408 i mam je teraz ze sobą w hotelu. Jeśli zaś chodzi o oryginalny pergamin Rogera Bacona, zawierający klucz do jego kodu, znajdzie go Pan w tej kopercie. Do Pana należy decyzja, co z nim zrobić. Czy odda go pan Kołu Prometeusza, czy też zapozna się z nim i sam rozszyfruje ms 408.

Marcus Calleron

Epilog

Po przeczytaniu listu Thomas wyjął ostrożnie pergamin z opakowania i położył na niskim stoliku przed sobą. Nadszedł moment, powiedział do siebie, żeby oddać ten pergamin albo z jego pomocą poznać wreszcie Prawdę, nie bacząc na konsekwencje, jakie to ściągnie na mnie. Czy dotarłem do kresu mojej egzystencji, czy mam dalej żyć jak dotąd, nie znając odpowiedzi zawartych w *ms 408*? Minęła noc, a on nie podjął żadnej decyzji. Kiedy pierwsze promienie świtu przedarły się przez zasłony w jego mieszkaniu, Thomas w końcu wstał. Nic i nikt, pomyślał, nie może zmienić tego, co ma nadejść. Moje życie zostało zaprogramowane, zanim się urodziłem, i chociaż nie wiem jeszcze, co zrobię za kilka minut, wszystkie moje czyny zostały przewidziane gdzieś tam we wszechświecie. Przeznaczenie wyznaczało moją drogę od początku świata. Muszę więc nią iść aż do końca.

Thomas podszedł do półek biblioteki. Zamknął oczy i na chybił trafił wyjął jedną z książek. Otworzę tę książkę, powiedział do siebie, i położę palec na przypadkowym zdaniu. Jeśli tworzące go litery dadzą liczbę parzystą, zabiorę się od razu do odszyfrowania *ms 408*. Jeśli natomiast będzie to liczba nieparzysta, nie czytając, przekażę ten pergamin Kołu Prometeusza. I wrócę do poprzedniego trybu życia, jakby to wszystko w ogóle się nie wydarzyło. Thomas długo stał bez ruchu z zamkniętymi oczami, trzymając w rękach książkę. Aż w końcu na oślep położył palec wskazujący na przypadkowej stronie i odczytał następujące zdanie:

Niech skutek dowodnie
Odpowie słowom, nim zamiar ochłodnie.
*Tylko już pokój czarom!**

Przeliczył wolno litery i zamknął na powrót książkę. A potem, gdy tak stał samotnie w słabym świetle budzącego się dnia, na jego twarzy pojawił się dziwny uśmiech.

---

* William Szekspir, *Makbet*, akt IV, sc. I. Przeł. Józef Paszkowski.

Postscriptum

Pod koniec drugiego tysiąclecia głośna stała się sprawa tajemnicy związanej od bardzo dawna z manuskryptem znajdującym się w bibliotece uniwersytetu w Yale pod numerem inwentarzowym *ms 408**. Po ukazaniu się w Ameryce wielu książek zdradzających istnienie tego tajemniczego dzieła, temat ten pojawił się także w mediach amerykańskich, wywołując oczywiście wielkie zainteresowanie opinii publicznej. 14 lipca 2000 roku w stacji telewizyjnej Fox Familly Channel opowiedziano o tej książce i o podejmowanych od kilku wieków próbach rozszyfrowania jednej z największych zagadek w historii. Miesiąc potem magazyn „USA Today" poświęcił artykuł temu tematowi. Francuski tygodnik „Le Monde" w wydaniu z 20 grudnia 2000 roku wspomniał o welinowych stronach manuskryptu, zapisanego nieznanym alfabetem i językiem. Potem przyszła kolej na prestiżowe angielskie pismo naukowe „Nature", które w grudniu 2003 roku pisało o *ms 408* jako

---

* Wszystkie strony manuskryptu są dostępne w Internecie, na stronie tego amerykańskiego uniwersytetu: http://webtext.library.yale.edu/beinflat/pre 1600.MS408.htm.

o „najbardziej tajemniczej książce świata", bo takiego właśnie zwrotu użył Robert S. Brumbaugh w opublikowanej w Stanach Zjednoczonych pracy *The World's Most Mysterious Manuscript*. Chociaż manuskrypt ten w dalszym ciągu opiera się próbom odszyfrowania, podejmowanym w całym świecie przez zwykłych amatorów i naukowców, sporo jednak wiemy o kolejach jego losu.

Dzieło to, którego autorstwo przypisuje się angielskiemu filozofowi i teologowi z XIII wieku, franciszkańskiemu zakonnikowi Rogerowi Baconowi, zaginęło i dopiero po trzech wiekach pojawiło się w Pradze na dworze cesarza rzymsko-niemieckiego Rudolfa II (1552—1612), który, by je zdobyć, zapłacił jakiemuś nieznanemu człowiekowi sześćset dukatów w złocie, sumę jak na owe czasy kolosalną.

Po śmierci cesarza, który umarł, nie poznawszy sekretu tego dzieła, dostało się ono w ręce rektora uniwersytetu w Pradze, a był nim wówczas Marci z Cronlandu, który z kolei pod koniec swego życia przekazał je Athanasiusowi Kircherowi, duchownemu specjalizującemu się w studiach nad szyfrowanymi językami. Jemu także nie udały się próby odczytania kodu wymyślonego przez Rogera Bacona.

Manuskrypt *ms 408* zniknął na trzysta lat i wyszedł z cienia dopiero w 1912 roku, gdy Wilfried Voynich, zajmujący się kupnem i sprzedażą starych książek, odnalazł go w bibliotece w Villa Mondragone, kolegium jezuitów niedaleko Rzymu, po czym potajemnie manuskrypt odkupił i wywiózł do Stanów Zjednoczonych*. Przesłał potem jego kopie wielu ekspertom,

---

* Od tamtej pory nazwisko Voynicha służy często do oznaczania samego manuskryptu; jak choćby na głównych stronach Internetu poświęconych temu tematowi: www.voynich.net i www.voynich.nu lub na stronie japońskiej www.voynich.com.

którzy, chociaż nie udało im się odczytać kodu, potwierdzili, że jest to rękopis Rogera Bacona. Wreszcie w 1961 roku dzieło, którego wartość została oszacowana na ponad 150 tysięcy dolarów, nabył H. P. Kraus, bogaty nowojorski kolekcjoner, który w 1969 roku przekazał go w testamencie działowi starych książek biblioteki uniwersytetu w Yale.

Obecnie jest coraz więcej prób deszyfrowania *ms 408* na największych uniwersytetach świata*. Jednocześnie zarówno na Starym Kontynencie, jak i w Stanach Zjednoczonych opracowano liczne programy na ten temat. Pośród najważniejszych należy wymienić projekt europejski EVMT (Electronic Voynich Manuscript Transcription). Dopiero jednak z pojawieniem się Internetu dokonano istotnego postępu. W 1991 roku historycy, matematycy, statystycy i kryptolodzy połączyli swe siły na forum dyskusyjnym, które pozwoliło im konfrontować ich wiedzę i formułować hipotezy dotyczące deszyfrowania**.

Kiedy natrafiłem na to forum, zainteresowałem się tajemnicą *ms 408*, a także dziełami Rogera Bacona. Nie przypuszczałem wówczas, że na kilku tysiącach stron, które miałem przeczytać, napotkam tyle niespodzianek. Wszystko zaczęło się od lektury starego wydania *O nadzwyczajnej potędze sztuki i natury* Rogera Bacona, które odnalazłem w dawnych zbiorach biblioteki w Aix-en-Provence***. To niewielkie dziełko miało specyficz-

---

* Badania te podejmują nie tylko historycy czy kryptolodzy, ale także specjaliści innych dziedzin. I tak w listopadzie 2003 roku profesor wydziału astrofizyki uniwersytetu w Yale wystosował w tej sprawie apel do innych astrofizyków w czasopiśmie astronomicznym „Sky and Telescope".

** Forum to jest dostępne na stronie www.voynich.net.

*** Książka ta stanowi ostatnią część zbioru tłumaczonego na język łaciński i na starofrancuski, noszącego tytuł *La Toisond'or* (*Złote runo*), i znajduje się w miejskiej bibliotece Méjanes w Aix-en-Provence pod numerem inwentarzowym RES.D.337.

ny zapach papieru podniszczonego wilgocią, co stanowi urok starych woluminów. Przewracałem strony, przez cały czas zastanawiając się, ilu czytelników w minionych stuleciach trzymało w rękach tę książkę, gdy moją uwagę przyciągnął pewien fragment. Autor przedstawiał w nim swoją wizję przyszłości:

„[...] maszyny zdolne wprawić w ruch największe statki tak, iż będą płynąć znacznie szybciej niż napędzane wszystkimi wiosłami świata i do ich prowadzenia wystarczy jeden człowiek [...] pojazdy osiągną nieprawdopodobną szybkość bez pomocy jakiegokolwiek zwierzęcia [...] pojazdy ze skrzydłami pozwolą człowiekowi latać w powietrzu tak, jak robią to ptaki [...] układ luster i soczewek umożliwi ludziom obserwowanie na niebie wielu słońc i wielu księżyców".

Słowa te skłoniły mnie do tego, by dowiedzieć się czegoś więcej o trzynastowiecznym filozofie, który długo przed Leonardem da Vinci i Galileuszem zapowiadał pojawienie się statków motorowych, samochodów, samolotów i teleskopów. Potem trafiłem na kopię listu apostolskiego Klemensa IV, który nakazywał Rogerowi Baconowi, aby natychmiast powiadamiał Stolicę Apostolską o swoich pracach, „nie zważając na sprzeciw prałatów ani reguły twojego zakonu". List kończył się zdaniem: „Pośpiesz się, ale pamiętaj o zachowaniu całkowitej tajemnicy". Nie ma tu miejsca, żeby przytoczyć dokumenty pochodzące od najwyższych instancji kościelnych i politycznych, które pragnęły zdobyć prace Bacona. Wspominając o papieżu, który w połowie XIII wieku był przywódcą świata zachodniego, muszę stwierdzić z pewnym zaskoczeniem, że siedemset lat później odnajdujemy ślad kodowanego manuskryptu Rogera Bacona znowu na szczytach władzy pewnego państwa, tym razem w Ameryce. 26 maja 1944 roku, zaledwie kilka dni przedtem, zanim tysiące żołnierzy przepłynęły Atlantyk, by wziąć udział w bitwie decydującej o końcu drugiej wojny światowej, William F. Friedman, kierując wówczas agencją Signal Intelligence Section (SIS) współpracował aktywnie z sekcją 25. wywiadu angielskiego*. Jednakże konferencja, którą zwołał tego wieczoru, nie miała nic wspólnego z toczącą się wojną. Piętnastu uczestników, zgromadzonych przez Friedmana, przybyło, żeby skonfrontować swoje prace dotyczące zaszyfrowanego manuskryptu, sprowadzonego do Stanów Zjednoczonych przez Wilfrieda Voynicha. Trzydzieści lat później, gdy Stany Zjednoczone znajdowały się w samym środku zimnej wojny, kapitan Prescott Currier**, tym razem w siedzibie National Security Agency w Waszyngtonie, przedstawił wyniki swoich prób rozszyfrowania manuskryptu. Wszystko działo się tak, jakby dziełu Rogera Bacona było sądzone, żeby o jego losie decydowały najwyższe władze. Zastanawiałem się jednak nad inną kwestią: jak doszło do tego, że *ms 408*, który wcześniej był w posiadaniu cesarza, a potem stał się przedmiotem zainteresowania szefa kontrwywiadu amerykańskiego, mógł zniknąć na całe wieki? Kim byli ludzie, którym udawało się ukrywać tak poszukiwane dzieło? Jakie były dzieje manuskryptu od chwili zniknięcia w Pradze aż do odnalezienia go w Rzymie w 1912 roku? Te pytania nie dawały mi spać po nocach. Nie znalazłem zadowalającej odpowiedzi ani w licznych e-mailach przysyłanych mi z czterech stron świata, ani w książkach piętrzących się od miesięcy na moim biurku. Musiałem pogodzić się faktem, że historia tego dzieła pozostaje nadal nieznana.

---

* William Frederick Friedman (1891—1969) jest uważany za ojca nowoczesnej kryptoanalizy. Jego prace nadal są wykorzystywane przy opracowywaniu danych wojskowych przeznaczonych dla rządu amerykańskiego. Można zapoznać się z jego biografią w Internecie na oficjalnej stronie National Security Agency: http:/www.nsa.gov/honor/honor00004.cfm.
** Lingwista i filolog, służył w marynarce Stanów Zjednoczonych.

Długo próbowałem napisać esej historyczny o tej tajemnicy. Ale istniało zbyt wiele wątpliwości, by mogła powstać satysfakcjonująca mnie rozprawa. Bez wątpienia niełatwą rzeczą jest opowiadać szczegółowo o jakiejś zagadce, a ostatecznie wyznać, że nie ma się do niej klucza. Wówczas przyszła mi do głowy myśl, żeby napisać powieść opartą na faktach, chociaż oczywiście nie może ona dać prawdziwej odpowiedzi. W tej całej sprawie jedno jest pewne — *ms 408* wciąż zazdrośnie chroni swoją tajemnicę. Gdy kończę pisać tę powieść, spoglądam ostatni raz na leżące przede mną stosy dokumentów, nie mogąc przestać myśleć o tych wszystkich, którzy w tej samej chwili nadal usiłują rozszyfrować tekst napisany ponad siedemset lat temu. Dlatego zachęcam każdego, kto będzie czytał tę książkę, ażeby spróbował szczęścia sam lub na forum w Internecie. Często bywa tak, że czyjeś świeże spojrzenie na tajemnicę odkrywa coś nowego. W każdym razie warto podjąć takie wyzwanie. I jestem przekonany, że sukces jest niedaleki.

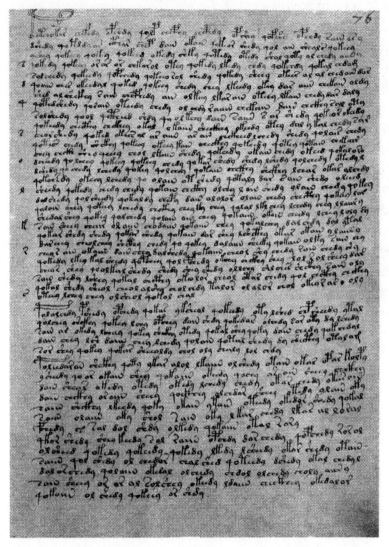

Jedna ze stron manuskryptu przechowywanego w bibliotece uniwersytetu w Yale pod sygnaturą *ms 408*.

Składam szczególne podziękowania Dominique, Annie, Jacques'owi, Gilles'owi, Anne i Laurentowi za ich cenną pomoc.